Schmallenberg 2018

Essen

Stadt-Ansichten

1889 – 1947

mit Texten von Herbert Somplatzki
Bildauswahl Bernd Dreher

Reimar Hobbing

CIP-Titelaufnahme der Deutschen Bibliothek
Essen, Stadt-Ansichten: 1889–1947 / mit Texten von Herbert Somplatzki. Bildausw. Bernd Dreher. – Essen: Hobbing, 1989
ISBN 3-920460-43-X
NE: Somplatzki, Herbert [Mitverf.]

Sämtliche Fotografien sind aus der Stadtbildstelle Essen, mit Ausnahme S. 63, Archiv für Kunst und Geschichte Berlin, S.41, S.48 und S. 95 Sammlung E. Schmidt, Essen.
Herrn Peter Happel danken wir für seine Unterstützung bei der Bildauswahl für dieses Buch.

ISBN 3-920460-43-X
Gesamtherstellung:
Nettesheim Druck GmbH, Köln

Inhalt

Gedanken beim Betrachten alter Fotografien 7

Kapitel 1: **Plätze, Straßen, Häuser, Menschen** 11

Stadt-Ansichten – 11

Essen, die Stadt auf den Hügeln – 14

Die normative Kraft des Faktischen – 15

Bertolt Brecht und Essen – 19

Wider die Vielleserei – 23

Ein Saal für eine Göttin – 23

Muschelkalk und Menschenblut – 24

In Kishinow, Fort McMurray, Peking und damals in Essen – 28

Gesichter der Stadt und die Hoffnung – 30

Kapitel 2: **Arbeit – oder als schäme sich der Mund seiner Hände** 31

Das uralte Herz des Reviers – 31

Fast Diamanten – 34

Glückauf, Glückauf, der Steiger kommt – 37

Auf der schwarzen Liste – 38

Reisen unter die Erde – 40

Kohle und Stahl und Arbeit und Krupp – 41

Man wollte nur Arbeitskräfte, aber es kamen Menschen – 43

Das tapfere Schneiderlein oder Essen will leben – 46

Kohle war nicht alles 48

Kapitel 3: **Anthrazit-Metropolis mit grünen Lungenflügeln** 49

Und eines Nachmittags über den Wellen die Segel – 49

Fahrrad ohne Knautschzone – 53
Von starken Jungs und Leben im Verein – 58
Grüne Flecken auf dem Stadtplan – 62

Kapitel 4: **Zwischen Kaiserreich und Inflation** 63
Die Reste einer Kaiserin in meiner Haut – 63
Was willst du werden? – 66
Zwei Republiken am Anfang und später die Schlacht am Wasserturm – 70
Die armen Millionäre – 74

Kapitel 5: **Der Krieg verwandelt das Gesicht einer Stadt** 77
Ein entscheidendes Wahlergebnis und die drittgrößte Stadt Preußens – 77
Demonstration der Macht und Zeit der Unterdrückung – 81
Der Widerstand beginnt – 82
Die Waffenschmiede des Deutschen Reiches und Lichter in der Finsternis – 83
Angst am Himmel oder die Erinnerung am Ufer eines kanadischen Sees – 87
Eine Stadt aus 15 Millionen Kubikmetern Trümmern – 88

Kapitel 6: **Nach dem Krieg ein neuer Anfang** 93
Ein Stückchen Maisbrot und Schnee über den Trümmern – 93
Hungerwinter – 95
Ein Richtkranz über dem Dach im Frühling. 98

Quellen und Literaturverzeichnis 103

Gedanken beim Betrachten alter Fotografien

Wenn man rückblickend Gebäude, Personen, Ereignisse einer Stadt betrachtet, dann kann man seinen eigenen Standpunkt in der Gegenwart nicht verleugnen, weil die persönliche Geschichte des Betrachters, seine Lebenserfahrungen, an diesem Rückblick immer beteiligt sind. Man kann nicht einfach aus sich selber aussteigen. Und wenn man über ein Ereignis, das vor 100 Jahren stattfand, berichtet, dann sieht man es heute zwangsläufig anders, als man es vor 20 oder 30 Jahren sah.

Der Text dieses Buches ist also eine Stadt-Ansicht, die ich aus meiner persönlichen Geschichte und Betroffenheit heraus in Worte gefaßt habe. Mein Begegnungsversuch mit Essen.

Stadt-Ansichten – das sind Worte und Sätze, Fotografien und Bilder, ausgehend von der Gegenwart, den Bezug zu ihr nicht verleugnend.

Als ich vom Reimar Hobbing Verlag gefragt wurde, ob ich dieses Buch textlich erarbeiten möchte, habe ich mit meiner Zusage gezögert.

Wenn man als Schriftsteller seit 20 Jahren in Essen schreibend lebt – hier sind immerhin 12 meiner bisher 14 Bücher und die meisten meiner Hörspiele entstanden – dann ist man, es gibt gute Gründe, befangen.

Meine Urheimat ist das Masuren der großen Wälder und über 3000 Seen. Dort lebte ich bis zu meinem elften Lebensjahr, das sind wohl die prägendsten Jahre. Erst danach kam ich in meine zweite Heimat, das Ruhrgebiet. Und erst ziemlich spät, so gegen Mitte meines dritten Lebensjahrzehnts, bin ich in meine Drittheimat Essen gekommen.

Während ich mich noch mit dem Für und Wider einer Mitarbeit beschäftigte, erkannte ich plötzlich, daß sich Erst-, Zweit- und Drittheimat zu einem Erlebnisbogen zusammenzuschließen begannen. Dieser Schmelzvorgang brachte etwas Neues in mein Bewußtsein, das sich in mir zu einer neuen Urheimat zusammenfand. Als ich das erkannt hatte, verringerte sich mein innerer Widerstand.

Den endgültigen Anstoß zur Mitarbeit erhielt ich jedoch, als mir klar wurde: In dieser Stadt leben eine ganze Reihe von Menschen, die ich aus meinem Leben nicht mehr missen möchte. Diese Menschen sind auch der eigentliche Grund, warum ich diesen Text zu diesen Bildern schreibe.

Ich habe mir die ausgewählten Fotografien angesehen. Manche besonders lange. Und beim Betrachten wurden andere Bilder in mir wach, Gerüche und ehemals Gehörtes. Gedankenspuren liefen durch mein Gehirn, ich begann einigen von ihnen nachzugehen, begann sie zu verdichten, begann zu beschreiben. Machte Gedankenschritte, Gedankenreisen in die Vergangenheit.

Von den Fotografien einer Stadt, über die eigene Geschichte, wieder zurück zu den inneren Bildern dieser Stadt. Einer Stadt, in der ich nicht geboren wurde, sondern in die ich kam. Fast zufällig. Vor zwei Jahrzehnten.

Fotografien aus einer Stadt mit Namen Essen, die Menschen, Gebäude und Plätze zu verschiedenen Zeiten zeigen. Ein persönlicher Bericht zu Ansichten aus der größten Stadt des Ruhrgebiets. Das ist meine Position, die Position eines Schriftstellers, der aus seiner manchmal recht einsamen Individualität heraus mit dem Kopf- und Handwerk der Schriftsprache gezielte Blicke auf die Dinge seiner Umgebung richten kann.

Daß es nach dieser Vorgehensweise nur bestimmte Blickwinkel sein können, dafür werde ich mich erst nicht zu entschuldigen versuchen. Das ist nun mal so.

Meine gedanklichen und sprachlichen Standort-Bestimmungen, meine Stadt-Ansichten haben, darüber bin ich mir ganz sicher, meinen Blick für diese Stadt geschärft. Und diese Seh-Schärfe brachte etwas Erstaunliches zutage: Ich habe ein viel besseres Bild von Essen in mir entdeckt, als ich es bisher zu haben glaubte!

Schon allein aus diesem Grunde bin ich froh, mich auf das Abenteuer »Stadt-Ansichten« eingelassen zu haben...

Zum Schluß möchte ich mich noch, last but not least, bei allen bedanken, die mit großem Engagement an der Herstellung dieses Buches beteiligt waren. Stellvertretend für alle anderen möchte ich besonders herzlichen Dank dem Historiker Bernd Dreher sagen, der den fotografischen Teil dieses Buches entwarf und betreute – und auch dem Leiter der Stadtbildstelle Essen, Peter Happel, der uns bei der Suche im riesigen Schatz der Fotografien, die im Foto-Archiv der Stadt Essen versammelt sind, mit so viel fachmännischem Sachverstand beratend zur Seite stand.

Essen-Burgaltendorf 1989
Herbert Somplatzki

Plätze, Straßen, Häuser, Menschen

Stadt-Ansichten

Alte Bilder einer Stadt zeigen ihre vergangenen Gesichtszüge. Melancholisch manchmal, manchmal heiter. Manchmal zeigen sie auch ihre Wunden, zeigen Narben, die durch Kriegs- und Abrißbomben entstanden sind.

Schon in den alten Kulturen waren Städte eine ganz besondere Siedlungsform, hatten sie im Zusammenleben der Menschen spezielle Funktionen zu erfüllen. Städte heute sind Lebensräume, in denen der größte Teil der Bewohner unserer technischen Zivilisation »Zuhause« ist, in deren Gebäude viele Gedanken, Erinnerungen und Träume entstanden und entstehen, sich widerspiegeln können. Und die Geschichte einer Stadt, ihre in ihr geschehenen und erzählten Geschichten, sind unlösbar mit dem »äußeren« Erscheinungsbild eben dieser Stadt verbunden.

Die Stadt als Lebensraum der Menschen wird geprägt von architektonischen Gegebenheiten. Plätze, Straßen und Gebäude sind die augen-scheinlichsten Merkmale des Stadt-Bildes.

Städte wurden und werden von Menschen für Menschen erbaut; und meistens auch von Menschen zerstört – Naturkatastrophen sind seltenere Zerstörungs-Ereignisse.

Essen, fünfgrößte Stadt der Bundesrepublik, war vor dem Zweiten Weltkrieg drittgrößte Preußens – und ist noch immer die größte Stadt des Ruhrgebiets. Sie ist älter als beispielsweise Berlin, Hamburg, München und Stuttgart.

Mit einer Grundfläche von über 210 Quadratkilometern – das Fürstentum Liechtenstein ist beispielsweise etwas über 150, Monaco gar nur wenig über anderthalb Quadratkilometer groß! – liegt Essen zwischen den Ruhrgebiets-Großstädten Gelsenkirchen, Bottrop, Oberhausen, Mülheim und Bochum, grenzt an die Städte Hattingen, Langenberg, Velbert und Heiligenhaus.

Essen, eine Stadt vieler Gesichter, Orts- und Stadtteile:

Altendorf – Altenessen – Bedingrade – Bergerhausen – Bochold – Borbeck – Bredeney – Burgaltendorf – Byfang – Dellwig – Fischlaken – Freisenbruch – Frintrop – Frillendorf – Frohnhausen – Fulerum – Gerschede – Haarzopf – Heidhausen – Heisingen – Holsterhausen – Horst – Huttrop – Karnap – Katernberg – Kettwig – Kray – Kupferdreh – Leithe – Margarethenhöhe – Rellinghausen – Rüttenscheid – Schönebeck – Schonnebeck – Schuir – Stadtwald – Steele – Stoppenberg – Überruhr-Hinsel – Überruhr-Holthausen – Vogelheim – Werden.
Dazu kommt selbstverständlich noch das, was so im Neuhochdeutschen mit »City« bezeichnet wird.

Das Verhältnis zwischen den Bewohnern mancher Stadtteile und der »Zentrale« kann ein ganz besonderes sein...

Ein Borbecker besichtigt zum ersten Mal das neue Essener Rathaus, mit 22 Stockwerken das höchste Europas. Irgendwie kommt er auf das Dach. Dort sieht er zwei sitzen, die sich sonnen.

Sagt der eine zu dem anderen: »Ist das Wetter aber schön! Ich hätte Lust, eine Runde ums Rathaus zu fliegen.«

»Flieg doch,« sagt der andere.

Der erste steht auf, faltet seine Flügel auseinander und fliegt eine Runde um das zweiundzwanzigste Stockwerk.

»Na wie wars?« fragt der zweite.

»Schön!« sagt der erste und setzt sich wieder.

Der Borbecker hat vor lauter Staunen den Mund nicht zugekriegt. Schließlich räuspert er sich und sagt: »Wie ich sehe, können Sie fliegen.«

»Klar,« nickt der erste.

»Könnte ich das auch?«

»Aber klar,« nickt der zweite, »Sie müssen nur dran glauben, daß Essen die schönste Stadt der Welt ist.«

»Und zwar ganz fest,« ergänzt der erste.

Der Borbecker geht langsam an den Rand des Daches. Er zögert etwas, schaut noch einmal über das Panorama der Stadt, das sich in leichtem Blaudunst bis zum Horizont ausstreckt, breitet dann die Arme aus und springt.

»Für Schutzengel sind wir eigentlich ganz schön gemein,« sagt in diesem Augenblick der erste zum zweiten.

Das Rathaus im Jahr 1889

Essen, eine Stadt-Landschaft; zusammengewachsen, zusammengekauft, zusammenverfügt. Irgendwann auch von Bomben zertrümmert – und wiederaufgebaut.

Essen, die Stadt auf den Hügeln

Stadt auf den Hügeln – das wurde zum ersten Male ganz deutlich, als in der Nacht des 17. Mai 1943 britische Bomber die Staumauer der Möhnetalsperre aufsprengten und 130 Millionen Tonnen Wasser in einer zehn Meter hohen Sturzflutwelle das Tal der Ruhr hinabrasten. Über 1000 Menschen, ungezählte Tiere und Häuser, unter sich begrabend. Es dauerte zwar 14 Stunden, bis die große Flut Essen erreichte und die Straßen des Stadtteils Steele für Tage

Burgstraße, Baedeker- und Grillo-Haus, am Anfang des 20. Jahrhunderts

mehrere Meter überschwemmte, aber trotz der Vorwarnzeit war der angerichtete Schaden riesengroß. Und wenn auch die ursprüngliche Absicht der britischen Luftwaffe, durch dieses Bombardement die Wasserversorgung der Kriegsindustrie in der »Waffenschmiede des deutschen Reiches« zu unterbrechen, ihre Fertigungsstätten unter Wasser zu setzen, nicht wie erwartet gelang, im Wahnsinn des Krieges waren wieder einmal über 1000 Menschenleben zuviel vernichtet worden!

Essen, die Stadt auf den Hügeln.

Und im Süden der Baldeneysee. Aus der Höhe betrachtet ein dunkelblaues Wasserauge von knapp zehn Kilometer Länge; eingebettet in das sommerliche Laubgrün der Hügel, auf deren einem das neoklassizistische Bauwerk der Kruppschen Villa Hügel steht; früher Empfangsort für Kaiser und Könige, heute gegen Eintrittsgeld von innen zu besichtigen. Es ändern sich die Zeiten.

Der Essener Baldeneysee ist als Stausee der Ruhr, deren Tal man zu den schönsten Flußlandschaften Deutschlands zählt, entstanden. Heinrich Hirtsiefer, preußischer Wohlfahrtsminister aus Essen sorgte dafür, daß in der Zeit der großen Arbeitslosigkeit zwischen den Weltkriegen die Arbeitsbeschaffungsmaßnahme »Baldeneysee« realisiert werden konnte. Gleich nach der nationalsozialistischen Machtübernahme wurde Hirtsiefer von den Nazis mit einem Pappschild um den Hals, auf dem »Ich bin der Hungerleider Hirtsiefer«, geschrieben stand, in Essens Straßen vorgeführt. Kurze Zeit später schickten sie Hirtsiefer dann ins KZ Börgermoor.

Die normative Kraft des Faktischen

Essen, Stadt auf den Hügeln.

Seit dem Jahre 852, als Bischof Alfried von Hildesheim für die weiblichen Angehörigen des höheren Adels, ganz in der Nähe der heutigen Münsterkirche, ein Frauenkloster bauen ließ, ist viel Zeit vergangen. Wechselnd durch das Jahrtausend, durch Jahrhunderte, wuchs und veränderte sich das Gesicht der Stadt. Bauwerke entstanden und zer-

Südlicher Bahnhofsvorplatz 1919,
rechts: Mauer des Krupp'schen Friedhofs
links: Huyssenstift

Die Badeanstalt in der Steeler Straße,
erbaut 1881/82, Zustand 1808

Die Limbeckerstraße mit den Kaufhäusern Cramer & Meermann, Althoff (links) und Freudenberg (rechts)

Der Limbecker Platz 1905

bröckelten. Gebäude wurden abgerissen, Neubauten errichtet. Der Krieg zerstörte, manchmal auch die Nachkriegszeit.

In unseren großen Städten, den unförmigen Urenkeln Babylons, mit ihren Labyrinthen aus Glas, Stahl und Beton...

Es gab Zeiten, da war Beton noch nicht erfunden, da wurde er noch nicht in seiner manchmal unerbittlichen Konsequenz angewendet. Um nicht mißverstanden zu werden: Auch aus Beton läßt sich manches Nützliche errichten, aber sicher! Doch dieser Baustoff ist halt ein Symbol – machen wir was daraus.

Skyline-Sicht-Beton.

Aufragend bis zur Nähe der Wolken.

Stahl-Beton mit Rechtecken aus Glas.

Die erhobenen Zeigefinger der Kirchtürme sind längst überragt.

Ja, die normative Kraft des Faktischen.

Und dann kommt so etwas wie ein nostalgisches Gewissen in uns auf; der Denkmals-Pflege-Trieb.

Am Hauptbahnhof 1910

Das Hotel Kaiserhof, Bankplatz/Lindenallee

Das alte Essener Rathaus wurde in den Jahren 1884/85 von dem Architekten Zindel erbaut. Es hat zwei Weltkriege, den zweiten allerdings nicht so gut wie den ersten, einigermaßen überstanden, die Tage des Kapp-Putsches 1920 – und auch die Zeit der französischen Besetzung im Jahre 1923.

1965 wurde es abgerissen, um Platz zu machen für den Betonbau des Kaufhauses Wertheim, dessen Beton inzwischen auch nicht mehr an dieser Stelle steht...

Bertolt Brecht und Essen

Das Essener Stadt-Theater, der »Grillo-Bau«, war der erste Theaterbau im Ruhrgebiet. Es wurde von dem Essener Industriellen Friedrich Grillo gestiftet und im Jahre 1892 eröffnet.

In den zwanziger Jahren dieses Jahrhunderts vergrößerte man dann die Zahl der ursprünglich 500 Zuschauer plätze,auch des Schauspielhauses auf 800, was für einen gesteigerten Bedarf spricht. In diese Zeit fällt auch das Wirken von Rudolf Schulz-Dornburg, der besonders die Essener Oper weit über die Region hinaus bekannt werden ließ.

Durch Schulz-Dornburg kam auch der große Tänzer und Choreograph Kurt Jooss an das Essener Theater. In der Spielzeit 1927/28 war er als künstlerischer Berater, später als Leiter der Tanzgruppe dort tätig.

Mit der Einrichtung der Folkwang-Schule, die 1927 in Essen gegründet und in den beiden Abteilungen »Folkwang-Schule für Musik, Tanz und Sprache« und »Folkwangschule für Gestaltung« betrieben, als Zusammenfassung aller künstlerischen Berufsausbildung galt, wurde ein weiterer starker Kulturimpuls gesetzt. Besonders der Tanz erfuhr durch das Wirken von Kurt Jooss bald internationale Bedeutung, um schließlich mit dem Tanzdrama »Der grüne Tisch« Weltruhm zu erlangen.

Schulz-Dornburg, in der neuen Musik aktiv, wollte im Bereich des Musik-Theaters ein „Glanzlicht« setzen. Er nahm mit Kurt Weill, Bert Brecht und dem Filmemacher Carl Koch Verbindung auf, die zu dieser Zeit in Berlin lebten.

In den ersten Junitagen des Jahres 1927 reisten diese drei Künstler dann ins Ruhrgebiet und sahen sich »vor Ort« um. Sie begannen mit Verwaltungsleuten und Vertretern des Magistrats über das geplante Projekt »Ruhrepos« zu verhandeln. Es sollte eine »Industrieoper« werden, ein episch-dokumentarisches Werk, so zwischen »Oratorium und Rüpelspiel« angesiedelt, avantgardistisch und volkstümlich zugleich. Ein künstlerisches Gesamtwerk, das Dichtung, Musik, Fotografie, Schauspiel und Film integrieren sollte.

Von der Verwaltung der Stadt Essen wurde den Künstlern nun zuerst ein detaillierter Kostenvoranschlag abverlangt. Dazu noch drei getrennte Projektvorschläge.

Im guten Glauben, daß alles nun seinen geregelten Gang ginge, begannen die drei dann an dem Ruhrepos zu arbeiten.

Briefe wechselten von Berlin nach Essen – von Essen nach Berlin. Die Wochen und Monate kamen und gingen. Es wurde viel Papier ausgetauscht. Brecht, Weill und Koch wurden immer wieder vertröstet, besonders, was die Finanzierung ihrer Arbeiten betraf. Brecht war schließlich der erste, der mit Schreiben vom 4. Mai 1928 an Schulz-Dornburg die Hinhaltetaktik der Verwaltung erkannt hatte und wenigstens die entstandenen Unkosten erstattet haben wollte. Er schrieb »Wir haben selbstverständlich dabei auch unsere eigene Arbeit in Ansatz gebracht, da wir nicht festbezahlte Stellungen einnehmen, sondern freie Künstler sind.«

Der »Grillo Bau« – der erste Theaterbau im Ruhrgebiet

Ob das Argument des freien Künstlers die damaligen Bürokraten beeindruckt, überzeugt hat, ist zumindest fraglich. Sicher ist auf jeden Fall, daß das Projekt »Ruhrepos« nie zustande kam. Es soll damals in Essen eine gezielte Kampagne gegeben haben, die sich aus politischen Gründen gegen die drei Künstler richtete – und die es letztendlich verhinderte, daß in Essen eine Weiterentwicklung der Oper realisiert werden konnte.

Der Wiener Platz, heute Theaterplatz

Wenige Monate später zeigte dann der sensationelle Erfolg der »Dreigroschenoper« von Brecht und Weill, welche Riesenchance die Essener vergeben hatten. Nicht auszudenken: Das Essener Stadttheater als Uraufführungsstätte des »Ruhrepos«, eines vielleicht ähnlichen Welterfolges wie die »Dreigroschenoper!«

Wider die Vielleserei

Die Essener Stadtbücherei wurde im Jahre 1930 neu erbaut. Sie hatte mit dem Bibliotheksdirektor Sulz einen hervorragenden Mann, der mit der Einrichtung der Essener Bücherei völlig neue Konzeptionen für Bibliotheken einführte.

Die Bibliothek war in 4 Bereiche aufgeteilt:

1. Haupstelle der Volksbücherei (es gab noch 9 Zweigstellen).
2. Wissenschaftliche Bibliothek.
3. Jugendbücherei.
4. Musikbücherei.

In der Volksbücherei, die ihren Namen zu recht führte, konnte man sowohl Unterhaltungsliteratur, z. B. Karl Mays Winnetou I bis III oder Krimis ausleihen, als auch die sogenannte »hohe Literatur«. Diese Konzeption, die wohl zum ersten Mal in Deutschland konsequent das pädagogische Prinzip verwirklichte, den Leser bei seinen Lesebedürfnissen »abzuholen«, war der damals üblichen Bibliotheksarbeit ein Stück voraus. Mit über 200000 Bänden Bestand und etwa 600000 Ausleihen im Jahre 1933 gehörte Essens Stadtbücherei zu den führenden im Deutschen Reich.

Kaum waren die Nationalsozialisten an der Macht, als sie Eugen Sulz aus seiner so erfolgreichen Arbeit vertrieben und durch ihren Parteigenossen Richard Euringer ersetzten.

Dessen wichtigste Tat war die »Säuberung« des Buchbestandes. So sollen in seiner Wirkungszeit, er wütete bis zum Jahr 1936 in dieser Position, fast 60000 Bücher teils verbrannt, teils aus dem Leihverkehr gezogen worden sein! Die Nazis nannten das »Rückgang der Vielleserei«.

Ein Saal für eine Göttin

Der Name »Folkwang«, den der Hagener Millionärssohn Karl Ernst Osthaus aus der germanischen Mythologie entlieh, steht in Essen als Synonym für erfolgreiche Kunst und Kultur. Folkwang, der Sage nach der Saal der Freya, der germanischen Göttin von Liebe und Schönheit, sollte eine

Begegnungsstätte für Bürger aller Schichten mit einer Kunst werden, die sich als »Verschwisterung der Musen« verstand. Zuerst in Hagen realisiert, geriet die erste Verwirklichung dieser Idee nach dem frühen Tode von Osthaus in Schwierigkeiten. Der damalige Oberbürgermeister von Essen, der spätere Reichskanzler Dr. Hans Luther, sah die Chance: Er bemühte sich um Mäzene – heute würde man »Sponsoren« sagen – die die Sammlung Folkwang aufkauften und im Jahre 1922 nach Essen brachten.

Im Laufe der weiteren Jahre entwickelte sich das Museum Folkwang zu einem hervorragenden Sammelpunkt für Werke so bekannter Künstler wie beispielsweise Barlach, Beckmann, Chagall, Cézanne, Feininger, Heckel, Kandinsky, Kirchner, Klee, Kokoschka, Macke, Marc, Matisse, Nolde, Rohlfs, Schlemmer, Schmidt-Rottluff.

Jüdische Mitbürger beteiligten sich mit großem finanziellem Einsatz am Ausbau des Museums. In diesem Zusammenhang möchte ich, stellvertretend für die anderen, Dr. Simon Hirschland nennen, der sich an der Stiftungssumme des Museums Folkwang, die 15 Millionen Mark betrug, allein mit 1250000 Mark beteiligte!

Als dann die Nationalsozialisten nach der Übernahme der Macht Dr. Ernst Gosebruch, der das Museum von 1922 an sehr erfolgreich leitete, durch den SS-Mann Dr. Graf Claus von Baudissin ablösten, begann die »Reinigung« des Museums von jener Kunst, die die Nazis als »entartet« bezeichneten. Auch Dr. Hirschland und andere jüdische Bürger, die sich für das Museum persönlich und finanziell eingesetzt, seine Existenz wahrscheinlich erst ermöglicht hatten, wurden aus dem Folkwang-Verein ausgeschlossen. Natürlich unter Einbehaltung der großen Werte, die sie im Laufe der Jahre diesem Museum gespendet hatten!

Muschelkalk und Menschenblut

Im Jahre 1913 wurde der eigenwillige und architektonisch schöne Kuppelbau der Essener Synagoge, ein Entwurf des Architekten Edmund Körner, eingeweiht. Dieses jüdische Gotteshaus, mit seinem imposanten Kuppelbau

Die Essener Synagoge

aus Muschelkalkstein, war ein Symbol der Anwesenheit und Verbundenheit der jüdischen Bürger Essens mit dieser Stadt.

Als dann, in der Progromnacht vom 9. auf den 10. November 1938, die barbarische Hysterie nazistischer Gewalt dieses Gotteshaus, geistiges Zentrum und stofflicher Mittelpunkt für die Essener Juden, in Flammen aufgehen ließ, da lebten von den ursprünglich 4500 jüdischen Mitbürgern nur noch knapp 2000 in dieser Stadt.

In dieser Nacht der Flammen und der Gewalt, im Jargon der Nazis »Reichskristallnacht« genannt, wurde in barbari-

Das Innere der Synagoge, vor der Zerstörung

scher Konsequenz deutlich gemacht, welchen blutigen Weg die Nationalsozialisten weitergingen. Einen Weg, an dessen Ende mehr als 2500 Essener Juden ermordet – und viele, viele Millionen Menschenleben in der ganzen Welt vernichtet wurden.

Als sich am 9. November 1988 diese Nacht des Blutes und der Tränen zum fünfzigsten Male jährte, haben viele Menschen der Opfer gedacht, die Gewalt und Terrror damals forderten. Wir sollten aber auch diejenigen nicht vergessen, die heute noch in aller Welt ihr Leben durch Gewalt und Krieg verlieren.

evolution?

die menschen
werden immer besser
lächelte der tod
auf seinem wege
von auschwitz
nach hiroshima...

In Kishinow, Fort McMurray, Peking und damals in Essen

Die Stadt, in der man lebt, von anderen Orten aus gesehen. Ansichten und Bilder aus der Entfernung. Auch Distanzen können eine neue Nähe bringen.

Da war zum Beispiel Kishinow.

Von Moskau aus waren wir, zwei Schriftstellerkollegen und ich, in die Sowjetrepublik Moldawien geflogen. Dort, in der Hauptstadt Kishinow, erwartete uns Aljoscha. Ein Kollege, der aus mehreren Gründen, wie er uns sagte, nur noch Komödien schreiben würde. Eines Abends, wir waren von einer Besichtigung des ehemaligen Sommersitzes Alexander Puschkins zurückgekehrt, kam ich mit Aljoscha sehr ernsthaft ins Gespräch. Ja, sagte der ehemalige Panzerfahrer der Roten Armee, den Namen der Stadt Essen würde er kennen. Damals im Kriege, er sagte »Großer vaterländischer Krieg«, damals hätte er die Namen Essen und Krupp oft gehört. Ja, den Namen der Stadt würde er nicht vergessen. Auch deshalb nicht, weil er jetzt einen Kollegen aus dieser Stadt kennen würde. Und dann hob er das Glas mit dem dunkelroten moldawischen Wein und sagte: »Du und ich, wir kennen den Krieg. Wünschen wir uns und unseren Völkern Frieden!«.

Oder Fort McMurray.

Von Edmonton aus, der Hauptstadt der kanadischen Provinz Alberta, waren wir, meine Frau und ich, mit dem Greyhound-Bus 500 Kilometer nach Norden gefahren, um dort, wo alle Straßen enden, die Abbaugebiete des Ölschiefers zu besichtigen. In Fort McMurray , einer »Boom-Town«, die in knapp fünfzehn Jahren die Zahl ihrer Einwohner um das Fünfzehnfache vergrößert hatte, trafen wir ganz unvermutet auf Spuren aus Essen. Der Ölsand dort wird mit riesigen Baggern abgebaut, deren kreisende, lastwagengroße Schaufeln in wenigen Augenblicken Tonnen des ölhaltigen Schiefersandes aus dem Boden reißen und auf Bänder werfen, die dieses Rohmaterial der Erdölgewinnung weitertransportieren. Diese Bagger haben Ausmaße, gegen die selbst ein prähistorischer Dinosaurier klein gewirkt hätte. Und auf einem dieser Metallgiganten sahen wir dann eine

Tafel mit den drei ineinander verschränkten Ringen und den Schriftzügen »Krupp« und »Essen«. Es sei eine hervorragende Maschine, dieser riesige Bagger aus Essen, sagte der Ingenieur, eine Maschine, die lange Zeit und gut funktioniert hätte.

Wir waren in Peking gelandet. Von hier aus würden wir über Nanking, Wuxi, Shanghai weiter nach Süden reisen. Hier trafen wir uns mit Sun Shengwu, dem stellvertretenden Chefredakteur des literarischen Volksverlages – einer der größten Verlage in China – um ihm eine Einladung nach Deutschland zu überbringen. Unser Dolmetscher hieß Zhia. Er erzählte sehr gerne und gut alte chinesiche Märchen, sei es während einer Bahnfahrt, bei einem Abendessen oder einfach so zwischendurch. Er erzählte auch von der schlimmen Zeit während der Kulturrevolution, als man ihn zwang, vier Jahre lang bis zur Erschöpfung auf dem Lande zu arbeiten. »Essen,« sagte Zhia gleich zu Anfang unserer Begegnung, »das ist die größte Bergbaustadt Europas.« – »Sie war es,« antwortete ich ihm. Und dann versuchte ich von den Veränderungen dieser Stadt zu erzählen.

Dann neulich die Lesung in dem kleinen Ort in der Nähe von Karlsruhe. Hier im »Musterländle« des Lothar Späth wollte ich aus meinem autobiografischen Roman »Muskelschrott« lesen. Es waren jüngere und ältere Menschen, die zu dieser Lesung gekommen waren. Ich las von der Maloche im Pütt, von der Zeit kurz nach Ende des Krieges. Ich wollte den Leuten was zumuten, wollte erleben, wie sie bei der Beschreibung einer ihnen fremden Arbeitswelt reagierten. Nach der Lesung unterhielt ich mich noch ziemlich lange mit den Menschen, die erstaunlich viel aus den Texten herausgehört hatten. Ein Mann, etwas über sechzig Jahre alt, begann zu erzählen: »Es war gleich nach dem Krieg,« sagt er, »ich war direkt aus der Gefangenschaft ins Ruhrgebiet gekommen. Nach Essen. Die Stadt ein riesiger Trümmerhaufen. Wir hatten alle kaum was zum Beißen. Und trotzdem, ich denke noch gerne an diese Zeit zurück, wissen Sie, wegen der Menschen damals – damals in Essen.«

Die Kettwiger Straße um 1905

Gesichter der Stadt und die Hoffnung

Eine Stadt hat unterschiedliche Gesichter: Das Arbeitsgesicht, das Feiertagsgesicht, das Frühlingsgesicht, das Wintergesicht, das Kulturgesicht, das politische Gesicht...

Stadt-Ansichten.

Ein Mosaik aus Einzelbildern fügt sich zu einer eigenen Sicht zusammen. Eine individuelle Sicht, subjektiv wie die Augen, die sie betrachten. Worte und Bilder werden von der Netzhaut über die Nervenleitungen ins Sehzentrum transportiert, um im Ganglienuniversum unserer Gehirne mit Freude und Trauer, mit Erinnerungen verknüpft zu werden, um neue Bilder und Worte entstehen zu lassen. In jedem Betrachter auf seine eigene, unverwechselbare Weise.

Es gibt keine Wege zurück zu verlorenen Paradiesen.

Wir haben unsere Plätze eingenommen: Über den Wolken, unter den Meeren, auf Straßen und Schienen – vor Computern und zwischen Reaktoren...

wenn da nicht die Hoffnung wäre
zwischen den zeilen
der bildschirme
und auf dem papier
neben den computerprogrammen
und in den atemzügen
die uns weiterfahren
zu einer endstation
namens sehnsucht

Arbeit – oder als schäme sich der Mund seiner Hände

Das uralte Herz des Reviers

Die Kohle hatte hunderte von Millionen Jahren gewartet.

Schicht um Schicht war sie aus den riesigen Urwäldern der Karbonzeit herangewachsen, hatte sich im Wechsel des amphibischen Geländes zwischen Land und Meer immer höher gefaltet. Sie hatte die gigantischen Schuppen- und Siegelbäume, die Riesenschachtelhalme und Sumpfzypressen, Reptilien und Insekten in sich aufgenommen, sie sich einverleibt.

Im Wechsel der Jahrhunderte, Jahrtausende, kam und ging das Meer. Neue Urwälder, unterstützt durch tropisches, feuchtwarmes Klima, wuchsen heran. Wurden überschwemmt. Sanken hinab. Ehe sie verwesen konnten, wurden Bäume, Dickicht, Tierleiber von dem zersetzenden Sauerstoff der Atemluft abgetrennt, mit Sand zugeschüttet. Es entstand Moor. Wurde von neuem mit Schwemmsand abgedeckt. Schichtete sich weiter. Torf entstand.

Die Lebensreste aus Bäumen und Tieren wurden immer fester zusammengedrückt. Die Urwälder sanken in die Tiefe, wurden hart und härter. Sie wurden zur Braunkohle. Wurden weiter zusammengepreßt zur Steinkohle.

Schicht über Schicht, so legte sich Flöz für Flöz immer tiefer in die Erde. Jahrmillionenlang. Und dieses gepreßte Leben ruhte im Boden unter den Städten. Hier wartete das schwarze Herz des Reviers auf die Menschen.

Und diese Menschen kamen. Sie kamen aus vielen Ländern, suchten Arbeit und Brot. Sie fanden Arbeit und Brot.

Versteinerte Urwälder zogen die Menschen an, ließen sie in den Gedärmen der Erde wühlen, in oftmals erbarmungsloser Härte arbeiten. So förderten sie Schicht um Schicht – Morgenschicht, Mittagschicht, Nachtschicht – die Reste der prähistorischen Urwälder zu Tage.

Das Lebewesen Mensch, irgendwann aus den Urwäldern aufgetaucht, grub nun versteinerte Urwälder aus, die

Die Zeche Pörtingsiepen

viel älter als sein Ursprung waren – und verbrannte sie. Fabriken wurden gebaut. Industrie entstand. Geschäfte wurden aufgebaut und getätigt. Die Revierstädte weiteten sich aus zum sogenannten »Ballungsraum« – Rauch verband diese Städte.

Inmitten des Ballungsraumes Ruhrgebiet entwickelte sich die Stadt Essen mit 22 Schachtanlagen zur größten Zechenstadt Europas. Ihre Wurzeln reichen also bis in die prähistorischen Urwälder der Karbonzeit; denn: Ohne Kohle wäre diese Stadt nicht so geworden, wie sie jetzt ist. Jetzt, nachdem auch die letzte Zeche geschlossen wurde.

Wilde Kohlenbuddelei auf der halben Höhe der Holsterhauser Straße, um 1923

Fast Diamanten

Die Kohle unter dem Revier ist durch den unterschiedlichen Druck des Deckgebirges, durch ihr Alter, von unterschiedlicher Beschaffenheit. Die tiefsten Flöze haben die härteste Kohle, das Anthrazit. Es besitzt den meisten Kohlenstoff und ist in seiner Struktur dem Diamanten, der ja auch aus Kohlenstoff besteht, am ähnlichsten. Schwarze Diamanten.

In den nächsthöheren Schichten liegen Mager-, Fett- und Eßkohle, die beiden letzten besonders für die Herstellung

Die Zeche Viktoria Mathias um 1911, von der Bohrerstraße aus gesehen

von Koks geeignet. Darüber dann die Gas-, Gasflamm-, Flammkohle mit einem relativ hohen Gehalt an gasförmigen Bestandteilen.

Die kohleführende Schicht, die Karbonschicht, verläuft, bedingt durch tektonische Besonderheiten, vom Ruhrtal in Richtung Norden schräg nach unten. Beginnen im Ruhrtal die Kohlenflöze Übertage, so ist das steinerne Deckgebirge in der Gegend von Münster schon 2300 Meter »mächtig«, in Bremen gar 5000 Meter!

Der erste Abbau von Kohle in Essen läßt sich nicht genau feststellen. Jedoch wird schon im 14. Jahrhundert in einer Stiftungsurkunde ein »Winkel für Kohle und Holz« erwähnt.

Bergleute

Im Ruhrtal, in Essen-Steele und Werden, lag das Anthrazit, die tiefste Schicht der Kohle also, an der Oberfläche. Die ersten Kohlenabbaugebiete waren im Süden.

Später setzte dann das ein, was man als »Nordwanderung der Kohle« bezeichnet: Die Zechen errichteten immer tiefere Schächte, der Bergbau folgte dem Verlauf der kohleführenden Schichten, die sich nach Norden hin immer mehr in die Erdrinde zogen. Mit der größeren Tiefe nahmen auch die Schwierigkeiten beim Abbau zu. Zum Beispiel lange Wege bis zur Arbeit vor Ort, Verwerfungen im Gebirge, schlechte Belüftung, Hitze, lange Transportwege. Die Arbeit des Bergmanns wurde noch schwerer, Arbeitsunfälle nahmen zu.

Glückauf, Glückauf, der Steiger kommt

»Glückauf!« Nehmen wir diesen alten Bergmannsgruß als Wunsch der Kumpel mit heilen Knochen wieder ans Tageslicht zu kommen.

Mein Großvater Wilhelm wurde 1863 in Masuren geboren. Er war der Jüngste unter zehn Geschwistern. Bis zu seinem neunzehnten Lebensjahr arbeitete er als Knecht auf einem Bauernhof. 1882 fuhr er zum ersten Mal ins Ruhrgebiet, um Geld für den Kauf eines Stückchen eigenen Landes zu verdienen.

Opa Wilhelm war ziemlich kräftig. Er soll als junger Mann aufgrund einer Wette einen jungen Bullen am Schweif gefaßt und ihn auf diese etwas merkwürdige Weise zu Boden gezwungen haben. Ob das allerdings als ein klares Zeichen von Menschenkraft oder aber von Bullenintelligenz gewertet werden sollte, möchte ich hier offen lassen. Auf jeden Fall erhielt er nach diesem Natur-Ereignis den Beinamen »Mocarz«, was im Masurischen soviel wie »der Starke« bedeutet.

Opa Wilhelm arbeitete auf verschiedenen Zechen des Reviers. Er soll, wie von den Masuren allgemein gesagt wurde, ein guter und williger Arbeiter gewesen sein. Bis eines Tages.

Nun ein paar Anmerkungen: Das »Allgemeine Preußische Berggesetz« von 1865 brachte die »Bergbaufreiheit«, das heißt, private Unternehmer konnten nun Bergwerksbetriebe gründen. Damit zogen auch harte kapitalistische Prinzipien in den bisher ständisch organisierten Bergbau ein. Es kam zur Verlängerung der Arbeitszeit von bisher 8 Stunden am Tage und zu Kürzungen der Löhne. Hatte der Hauerlohn 1873 beispielsweise 5 Reichsmark je Schicht betragen, so betrug er 1877 nur noch 2,56 RM! Die Grubenbeamten, vor allem die Steiger, wurden von den Zechenherren zum Lohndrücken angehalten. Es gab zu dieser Zeit viele willkürliche Entscheidungen, denen die Bergarbeiter ziemlich hilflos ausgeliefert waren.

Zu diesen verhaßten Willkürmaßnahmen gehörte auch das sogenannte »Nullen«. War ein Wagen, auch »Hund« genannt, nach Ansicht eines Steigers mit zuwenig Kohlen beladen oder aber mit zuvielen Steinen, dann schrieb der Aufsichtsbeamte mit Kreide an diesen eine große Null. Dieser Wagen wurde dann nicht als Kohlenwagen gezählt, er war also, obwohl abgeliefert, auf der Lohnliste überhaupt nicht vorhanden! Dieses »Null-System« bot viel Spielraum für Druck und Willkür durch die Aufsichtsbeamten.

Während einer Schicht, als ein Steiger Opa Wilhelm wieder einmal eine fette Null auf seinen gerade erst vollgeladenen Hund gemalt hatte, ging es mit ihm durch: Er packte den Aufsichtsbeamten an Jackenkragen und Hosenbund, warf ihn in einen leeren Wagen und begann ihn dann mit Kohlen zuzuschaufeln. Der Steiger, zu Tode erschreckt, sprang aus dem Wagen und rannte, sicherlich um sein Leben fürchtend, zum Schacht.

Als Opa Wilhelm dann nach der Schicht ausfuhr, wurde er schon erwartet. Ihm war auf der Stelle fristlos gekündigt worden und seine Arbeitspapiere, ohne die man auf keiner Zeche wieder angelegt werden konnte, behielt man ein.

»Ich hab den Schweinehund in den Hund geschmissen,« sagte er später, »weil er uns jeden zweiten Wagen klauen wollte! Und Kohle war hart wie Granit, fest wie Sandstein!«

Obwohl er nun keine Arbeitspapiere besaß, versuchte er es auf einer anderen Zeche, behauptend, er hätte seine Papiere verloren. Und weil er aus Masuren kam, man hörte es ja am Klang seiner Sprache, wurde er dort auch ohne Papiere eingestellt. Denn die Masuren galten ja als gutmütige, willige Arbeiter.

Auf der schwarzen Liste

Großvater Wilhelm war auch an dem großen Bergarbeiterstreik von 1889 beteiligt.

Dieser Streik brach am 1. Mai 1889 ganz spontan auf der Zeche »Ernestine« in Essen aus und richtete sich gegen die menschenunwürdigen Verhältnisse in den Gruben. Bald hatte er das ganze Revier erfaßt. Von den etwa 100000 Bergleuten befanden sich zeitweise 90000 im Streik.

Die preußische Regierung setzte Militär ein. Man schoß auf die Arbeiter. Es gab mehr als ein Dutzend Tote unter den Kumpels. Doch der Streik ging weiter. Er bröckelte erst ab, als die Unternehmer verbesserte Arbeitsbedingungen versprachen. Diese Versprechungen wurden von ihnen aber nicht eingehalten. Darüber hinaus setzten sie die Streikführer auf eine sogenannte »Schwarze Liste.« Wer auf dieser Liste stand, bekam auf keiner Zeche mehr Arbeit.

Einer dieser Bergarbeiter war auch der in Essen-Burgaltendorf geborene Heinrich Kämpchen. Er war Streikführer auf der Bochumer Zeche »Hasenwinkel« gewesen und begann während des Streiks seine ersten Gedichte zu schreiben.

Auf der schwarzen Liste
von *Heinrich Kämpchen*

Motto: Dem, der auf der Liste steht,
hilft kein Bitten und Gebet;
mögen Weib und Kind verhungern,
er muß durch die Lande lungern,
ohne Arbeit, ohne Geld,
weil es so den Herrn gefällt.

Wohl lacht und lockt der junge Mai,
es blüht und duftet um die Wette,
ich taumle irren Sinns vorbei,
geschleift an meiner Armut Kette.

Von allen Seiten grinst die Not,
bedrückt mich und bedräut mein Leben:
umsonst hör' ich den Ruf nach Brot,
ich kann den Meinen keines geben.
Und singt so laut die Nachtigall,
wie Todessang klingt mir ihr Flöten.
Der Frühlingsjubel überall
kann meinen Jammer nicht ertöten.

Die letzte Krume ist verzehrt,
der letzte Pfennig längst verschollen,

und kalt und öde Heim und Herd,
und Weib und Kind – die leben wollen.

Umsonst bin ich von Schacht zu Schacht
umhergeirrt in den Revieren,
ich habe keinen Trost gebracht,
ich habe nichts mehr zu verlieren.

Heinrich Kämpchen fand nie wieder Arbeit im Bergbau. Er lebte zuletzt von einer kleinen Knappschaftsrente.

Reisen unter die Erde

Mein Großvater Wilhelm kehrte im Herbst 1889 wieder nach Masuren zurück. Er hatte jahrelang als »Kostgänger« sehr sparsam gelebt. Nun kaufte er sich ein Stückchen Brachland und einen kleinen Wald. Nach und nach bearbeitete, rodete er das Land und baute sich ein kleines Haus aus Holz, strohgedeckt. Er heiratete die Oma Marie, die ihm zwölf Kinder gebar, fünf davon starben als Säuglinge. In den Wintern fuhr er noch bis zum Anfang dieses Jahrhunderts ins Ruhrgebiet, um auf den Zechen zu arbeiten.

Großvater Martin, 1877 geboren, hatte gegen Ende des vergangenen Jahrhunderts zwei Jahre im nordamerikanischen Bergbau gearbeitet. Er kehrte mit Ersparnissen nach Masuren zurück, heiratete Oma Luise und arbeitete als Bauer. Der Bauernhof war klein, die Ackererde karg. Sie hatten fünf Kinder.

Immer so gegen Ende September, das Korn war gedroschen, die Wintersaat eingesät, fuhr Opa Martin in die Stadt zum Pferdemarkt. Dort verkaufte er dann sein einziges Pferd, denn er brauchte das Geld, um seine Bahnfahrt ins Ruhrgebiet bezahlen zu können. Übrigens soll Opa Wilhelm das auch so gemacht haben. Im Ruhrgebiet angekommen, suchte sich Opa Martin dann Arbeit für die Winterzeit. Er wohnte bei Verwandten oder Bekannten ganz billig zur Untermiete. Er erzählte, daß man, wollte man eine gute, das heißt gutbezahlte Arbeit Untertage bekommen, schon Ende September im Ruhrgebiet sein mußte. Denn

Kokereiarbeiterinnen der Zeche Matthias Stinnes (Karnap), 1914/18

mit den ersten Nachtfrösten kamen auch die Maurer, Zimmerleute und Dachdecker, deren Baustellen ja in der kalten Jahreszeit ruhen mußten, und die »guten« Arbeitsplätze auf den Zechen wurden knapp.

Anfang April dann war er wieder in Masuren. Er kaufte sich ein neues Pferd und begann zu pflügen, säen und zu pflanzen. Und von dem im Winter ersparten Geld wurde notwendiges Ackergerät oder auch etwas Vieh gekauft. So versuchten sie ihr armes, hartes Bauernleben ein wenig zu mildern. Noch bis kurz vor dem Ersten Weltkrieg machte Opa Martin seine Winterreisen zur Erde unter dem Revier. Im Sommer auf der Ackererde, im Winter tief unter ihr, so arbeiteten die beiden Großväter in ihrer Doppelheimat.

Kohle und Stahl und Arbeit und Krupp

Der Verbund von Kohle und Stahl machte das Ruhrgebiet zur größten Montanregion des Europäischen Kontinents, zum »Herzschrittmacher« der industriellen Entwicklung des deutschen Reiches. Und mit diesem Verbund ist ein Name unlösbar verflochten, ein Name, der die Stadt Essen über ein Jahrhundert lang prägte: Krupp.

Von Friedrich Krupp 1811 gegründet, entwickelte sich diese Firma zur »Krupp-Dynastie«, zu einer der größten Gußstahl- und Waffenfabriken der Welt.

Der Name Krupp, das ist Legende und Wahrheit. Ein Name, der wie kein zweiter mit dem der Stadt Essen verknüpft ist.

Um das Jahr 1900 lebten über 40 % der Erwerbstätigen in Essen von der Arbeit bei Krupp. Beim Ausbruch des Zweiten Weltkrieges, obwohl sich die Einwohnerzahl durch die Eingemeindungen des Jahres 1929 von damals 480 000 auf fast 650 000 erhöht hatte, immerhin noch 25 %.

Im Jahre 1826 übernahm Alfred Krupp mit 14 (!) Jahren das Gußstahlwerk seines verstorbenen Vaters. Er erbte ein Hammerwerk, einen Schmelzbau, das Fabrikationsprogramm – und einen Schuldenberg von 10 000 Reichstalern. Mit 14 Jahren war er in der Lage, das Werk seines Vaters zu übernehmen – um es dann später außerordentlich erfolgreich bis zur Weltfirma auszubauen.

Als ich 14 Jahre alt war, da begann ich auf der Zeche zu arbeiten. Von meinem Vater, einem Bergmann, hatte ich kein Werk geerbt, allerdings auch keinen Schuldenberg. Ich lernte auf der Zeche nicht wie man befahl, leitete, sondern wie man gehorchte. Ich werde keine Weltfirma hinterlassen.

Das Sein bestimmt das Bewußtsein.

Vive la différence – es lebe der kleine Unterschied!

Unter Alfred Krupps Leitung zu einer Großfirma mit Weltgeltung aufgestiegen, bestimmte diese Firma in starkem Maße noch bis in die Mitte dieses Jahrhunderts die Essener Arbeitswelt. Und wenn auch der Essener Stadtdirektor Dr. Friedrich Wolff im Jahre 1946 von Krupp als »der großen Schmiede des deutschen Untergangs« – auf die »Waffenschmiede des deutschen Reiches« anspielend – sprach, eine so lange Verbindung ist nicht so leicht aufzulösen. Natürlich hat Krupp sich auch sehr um »seine« Arbeiter, die »Kruppianer« gekümmert. Einrichtungen wie Werkskrankenkasse, Pensionskasse, Wohnsiedlungen, Krankenhäuser, die Kruppschen Konsumanstalten, machten die Arbeitsplätze bei Krupp schon begehrenswert.

Friedrich Alfred Krupp, der Sohn Alfreds, wurde dann der bekannte »Kanonenkönig«, der sehr gezielt auf die Rüstung setzte. Und später, unter der Leitung von Alfried Krupp von Bohlen und Halbach, war die Firma auch mit dem Aufstieg und Fall des »Dritten Reiches« eng verknüpft.

Man wollte nur Arbeitskräfte, aber es kamen Menschen

Im letzten Jahrhundert hatte die wachsende Industrie des Ruhrgebiets einen riesigen Bedarf an Arbeitskräften. Es war hier viel mehr Arbeit vorhanden, als es Arbeiter gab. In diese »Bedarfslücke« strömten Menschen aus dem Osten, ostdeutsche, polnische Landarbeiter und oberschlesische Bergarbeiter. Von dieser »Go-West-Bewegung« zeugen heute noch viele unserer Familiennamen.

Aber auch aus anderen Ländern Europas zogen Menschen ins Ruhrgebiet, fanden Arbeit – und viele blieben.

Als dann im Ersten Weltkrieg die »wehrfähigen« Männer an die Front »gezogen« wurden, nahmen Frauen und später auch Kriegsgefangene viele ihrer Arbeitsplätze ein. Nach Kriegsende gingen die Frauen dann wieder »zurück an den Herd.«

Und während des Zweiten Weltkrieges wiederholte sich dieser Vorgang. Hinzu kamen noch Menschen aus anderen Ländern, die in der nationalsozialistischen Kriegsindustrie zwangsweise arbeiten mußten. »Zwangsarbeiter«, ein Synonym für das Leid von Millionen Menschen, die während des Nazi-Terrors aus vielen Ländern Europas, überwiegend aber aus Osteuropa, verschleppt wurden, um unter menschenunwürdigen Umständen für die deutsche Rüstungsindustrie zu arbeiten.

Aus den Akten der Nürnberger Prozesse ist bekannt, daß allein die Firma Krupp von 1940 bis 1945 in ihren damals 81 Fabriken 97952 Zwangsarbeiter beschäftigte.

Aber nicht nur Krupp, auch andere Betriebe, etwa Zechen – und auch die Stadtverwaltung – beschäftigten

Zwangsarbeiter, unter menschenunwürdigen Umständen. Diese Menschen wurden manchmal tausende von Kilometern in Güterwagen, in denen zuvor Vieh transportiert worden war, herangebracht. Auf engstem Raum zusammengepfercht, mußten sie diese sehr langen Fahrten ohne ausreichende Nahrung oftmals im wahrsten Sinne des Wortes »überstehen«. Männer und Frauen – aber auch Kinder.

Sie wurden geschlagen, getreten, sie waren unterernährt. Bei Bombenangriffen durften sie nicht Keller oder Schutzräume aufzusuchen. Viele wurden getötet. Ein paar tausend unbekannte Tote aus dieser Zeit liegen auf Essener Friedhöfen. Außerdem soll es in und um Essen Massengräber geben, die noch nicht entdeckt sind.

Eine Speisehalle der Krupp-Werke, Essen

Die Krupp-Werke nach 1945

Teilansicht der Krupp-Werke

Das tapfere Schneiderlein oder Essen will leben

Die Bergleute waren die ersten, die aus der Kriegsgefangenschaft wieder nach Hause entlassen wurden. Mein Vater erzählte, daß aus dem Kriegsgefangenenlager im US-Staate Kansas, in dem er in Gefangenschaft war, schon im Mai 1945 Bergleute heimkehren durften. Man brauchte wieder Kohle, man brauchte die Arbeiter. Und in Essen, der Stadt der 22 Schachtanlagen – »größte Kohlestadt des Kontinents« – arbeiteten 21 % aller Erwerbstätigen des Jahres 1946 im Bergbau.

»Essen will leben,« so schrieb der damalige Stadtdirektor Dr. Friedrich Wolff im Juli 1946, »ohne Zweifel bestehen die Voraussetzungen für eine wesentliche Verbreitung der Wirtschaftsbasis Essens, auch wenn mit dem ungeheuren Schrottfeld der Firma Krupp für die Zukunft nicht mehr gerechnet werden kann.« Und er zählte die Vorteile des Industriestandortes Essen auf, wobei er betonte: »Große Aktivposten sind hierbei die fleißige und geschickte Arbeiterschaft sowie die großen verkehrsgünstigen Siedlungsgelände, die der Niederlassung von Unternehmungen dienen können.«

Zwar hatte der amerikanische Finanzminister Morgenthau gegen Ende des Zweiten Weltkrieges aus Deutschland ein Agrarland machen wollen – die Industrie sollte vollständig zerstört, das Ruhrgebiet unter internationale Verwaltung kommen. Doch dann änderten die Alliierten ihre Pläne.

Frauen, Männer und auch Kinder begannen die Trümmer fortzuräumen. Allein in Essen sollen es 15 Millionen Kubikmeter Trümmerschutt gewesen sein!

Die Menschen hungerten, machten »Hamsterfahrten« bis weit ins Land hinein – Essen war übrigens Einsatzbahnhof für viele dieser Fahrten.

Man arbeitete sehr hart, baute wieder auf, überlebte.

Man ging wieder ins Kino. Im Jahre 1946 gab es in Essen bereits wieder 18 Kinos. Im »Atrium« zum Beispiel wurde in der zweiten Juliwoche der Film »Rosen in Tirol« gezeigt – und das in fünf Vorstellungen am Tage. Allerdings waren diese »Rosen in Tirol« für Jugendliche verboten – und Montag und Donnerstag blieb die fünfte Vorstellung für die Besatzungstruppen beschlagnahmt.

Im Essener Waldtheater, der Freilichtbühne mit 2000 Plätzen unter rauschenden Baumkronen, spielte man im Juli 1946 »Das tapfere Schneiderlein«. Dazu schrieb ein Rezensent: »Der Prinz aus dem Goldland war von vornherein so aufreizend dumm, daß die Verzauberung zum Esel schon fast natürlich wirkte.«

Es ging aufwärts.

Ebenfalls im Juli 1946 wurden am »Uhlenkrug« schon wieder Essener Stadtmeisterschaften in der Leichtathletik durchgeführt.

Und auf dem Holleplatz zeigte der Circus Williams »Das Weltprogramm mit Höchstleistungen der Zirkuskunst und Artistik.«

Das Stadion Uhlenkrug 1927

Kohle war nicht alles

Essen, die größte Stadt des Ruhrgebiets, ist aus Kohle und Stahl entwachsen. Sie hat sich zum Zentrum der Dienstleistungen, der Energiewirtschaft, entwickelt. In einer Zeit, da die letzte Zeche Essens, Zollverein Schacht 12, zur Mülldeponie umgewidmet ist, können wir uns der Vergangenheit als größte Kohlenstadt des Kontinents mit Gelassenheit erinnern.

Und wenn sich im Rückblick manchmal auch so etwas wie Romantik in manche Erinnerung einzuschleichen beginnt, ich weiß aus eigener Erfahrung, daß die Arbeit »vor Kohle« sehr eng mit Dreck, Staub, Schweiß und Schmerzen, manchmal auch mit Wut, verbunden war. Dieser Vergangenheit brauchen wir uns nicht zu schämen – obwohl es mir manchmal scheint, als schäme sich hier bei uns mancher Mund seiner Hände.

»Kohle war nicht alles«, um den prägnanten Titel eines Buches zu zitieren. Aber natürlich nicht! Doch sie hat diese Region, diese Stadt, lange Zeit und entscheidend geprägt. Auch daran sollten wir uns mit gutem Gewissen erinnern.

Die Belegschaft der Schachtanlage Carolus Magnus, Borbeck, Ende des 19. Jahrhunderts

Anthrazit-Metropolis mit grünen Lungenflügeln

Und eines Nachmittags über den Wellen die Segel

er war gut
dieser tag
die wolken knieten
über den horizonten
und die möven
flogen ihren schreien hinterher
das segel aus perlmutt
schwankte
ehe die bläue es fraß

Das helle Licht des Frühlingsnachmittags hatte die Farben zum Leuchten gebracht. Der Himmel, heute in Bläue getaucht, spiegelte sich im See, etwas gedämpft durch den feinen Dunst über dem Wasser. Die graublaue Oberfläche des Sees, von einem weichen Wind gekräuselt, spülte in kleinen Wellen gegen die Ufer. Und die Ufer ließen sie wieder zurücklaufen. Bekamen sie wieder. Gaben sie zurück.

Die Geräusche dieses Wechselspiels lagerten sich als beruhigender Rhythmus unter die vielen lebhaften Töne, die der Frühlingstag ringsum verbreitete.

Ein milder Winter hatte in diesem Jahr den Frühling weit nach vorne gezogen; und der Frühling hatte die Knospen eher als sonst geöffnet, hatte aus Bäumen und Sträuchern, aus Blumen und Gras sehr frühzeitig Farben und Gerüche hervorgelockt. Auch die Vögel, ihrem instinktiven Kalender gehorchend, statt sich auf die offiziellen Zeitangaben zu verlassen, hatten ihre Brutzeit vorverlegt. Und das lebhafte Gemisch unterschiedlichster Stimmen ließ hören, daß dieser Entschluß wohl sehr erfolgreich gewesen sein mußte.

Ein Wasserhuhn führte seine Jungen aus. Mit schnellen Ruderbewegungen ihrer Schwimmhautfüße steuerten die schwarzweiß gefiederten Vögel auf das nahe Ufer zu. Voran der Elternvogel mit der leuchtend weißen Stirnplatte,

Regatta auf dem Baldeneysee

Ausblick auf den Baldeneysee mit Villa Hügel in den 50er Jahren

hinter ihm sieben Junge mit orange-roten Köpfen. Etwas mühsam kletterten die Küken dann über Baumwurzeln ans Ufer, begleitet vom ermunternden »Köw-Köw« das alten Vogels.

Auf einer Bank gleich neben dem Seeweg saß Karin. Sie hatte ihr Gesicht der Sonne zugewendet und hielt die Augen geschlossen. Die Nachmittagssonne breitete Wärme über ihr Gesicht, strahlte auf den Hals und die Haut ihrer Unterarme. Karin fühlte sich wohl. Sie war jetzt fast eine Dreiviertelstunde unterwegs. Das Nordufer entlang, den Uferweg durch das Vogelschutzgebiet. Nun war sie müde geworden und hatte sich auf die Bank gesetzt.

Sie öffnete die Augen.

Das plötzliche Sonnenlicht blendete und ließ sie ihre Lider wieder schließen. Sie wartete. Dann öffnete sie ganz behutsam die Augenlider zu einem schmalen Spalt und blinzelte durch die Wimpern auf das Wasser. Bald hatten sich ihre Pupillen an die schaukelnden Reflexe angepaßt.

Sie sah zwei Kanufahrer in der Nähe des anderen Ufers. Und ein grünrotes Segel bewegte sich von links nach rechts vorüber.

Die andere Seite lag schon im Schatten der Uferbäume. Hier schien die Sonne jedoch noch mit ihrer ganzen Nachmittagswärme, die den dünnen Stoff der Bluse durchdrang und ihre Haut zu berühren vermochte.

Karin lehnte sich noch mehr zurück. Sie streckte ihre Beine entspannt nach vorn, legte ihre Unterarme auf ihre Oberschenkel, sah noch einmal zum anderen Ufer, hob das Gesicht, bis es direkt der Sonne zugewendet war – und schloß dann wieder die Augen.

Trotz des schönen Wetters hatte sie heute ohne besondere Schwierigkeiten einen Parkplatz bekommen. In der Nähe des alten Kupferdreher Bahnhofs. Sie war über die ehemalige Eisenbahnbrücke zum Nordufer hinübergegangen, dann den Weg durch das Vogelschutzgebiet am Seeufer entlang. Dort hatte sie einer Haubentaucherfamilie zugesehen. Die vier Jungen hatten es sich auf dem Rücken und unter den Flügeln der beiden Eltern bequem gemacht – und ritten so über das Wasser. Selbst wenn die Alten bei der Nahrungssuche für eine Zeitlang untertauchten: Die

Blick auf die Alte Ruhr mit Villa Hügel, Bootshaus und Wasserwerk

Kleinen machten das ganze Manöver mit und fühlten sich anscheinend wohl dabei.

(Aus meinem Roman »Schocksekunde«)

Fahrrad ohne Knautschzone

Sonntagsmorgenlicht vor dem Fenster. Irgendwo in mir beginnt es unruhig zu werden. Und dann, ein plötzlicher Entschluß: Ich steige in den Keller!

Mit schlaffen Reifen, eine dünne Staubschicht auf dem Sattel, so steht mein Fahrrad da. Doch schon eine Viertelstunde später rolle ich aus dem Zentrum der Stadt nach Süden.

Dann bin ich am See. Ich fahre das Nordufer entlang. An der alten Zeche Carl Funke – oder besser an dem, was

Der Baldeneysee wird angelegt

Das Stauwehr Baldeneysee, im Bau

von ihr übriggeblieben ist – bis zum Stauwehr, das seit Jahrzehnten aus dem Fluß Ruhr den Baldeneysee macht.

Als ich das Wehr zum Südufer überquert habe, denke ich: Immerhin schon fünfzehn Kilometer, die Hälfte hast du ja schon hinter dir! Und ich radle ganz gemächlich weiter und überlege, ob ich eigentlich noch freihändig fahren kann.

Gerade will ich dieses damals so einfache Kunststück meiner nun doch schon ein wenig vergangenen Jugend nochmals versuchen, als urplötzlich alle Gemächlichkeit von mir abfällt, denn ich bin auf einmal mittendrin!

Um Gotteswillen! durchzuckt mich plötzliche Erkenntnis, der Fahrradverleih! Doch es bleibt keine Zeit für Reflexionen, denn schon muß ich mich durch ganze Horden von Leihfahrradfahrern, die zu allem Überfluß auch noch von zickzack-rollenden Rollschuhläufern unterlaufen werden, hindurchkämpfen! Und in den kleinen bis winzigen Lücken zwischen ihnen, in aufreizend-langsamem Sonntags-Familien-Schlenderschritt: Spaziergänger. Soweit das Auge reicht!

Ein Ausflug mit dem Rad

Und da sagt man, wir Deutschen stürben aus!

Da geht kein Weg dran vorbei, denke ich verbissen, da mußt du durch! Und in verwegenem Fahrradslalom, der einem gelernten Kunstradfahrer wohl Ehre machen würde, versuche ich meine körperliche Unversehrheit zu erhalten. Kurz vor dem siebten oder achten Beinahzusammenstoß, wie ein Rettungsring in stürmischer Brandung: Eine braune Holzbank.

Ich hocke mich auf die Bank und schwitze vor mich hin.

Vor mir die graublaue Fläche des Wassers, von leichtem Wind gekräuselt. Kleine Wellen spülen gegen das Ufer. Segelboote schieben in ruhiger Fahrt ihr farbenfrohes Segeltuch durch mein Blickfeld.

Ein Surfer kämpft mit dem Gleichgewicht. Er verliert – und ist schon im Wasser verschwunden. Er taucht wieder auf und beginnt etwas kompliziert auf sein Wellenbrett zu klettern. Immer wieder auf's Neue versucht er dort den aufrechten Stand, denn schließlich wird dieser Sport ja auch Standsegeln genannt!

Ein paar Meter von mir entfernt sitzt ein Angler. Er hat drei Angelruten auf einmal ausgefahren und starrt ununterbrochen ins Wasser. Er starrt und starrt. Unbeweglich.

»Radfahrn kannste ja vorläufich noch ohne Führerschein,« sagt eine kräftige Männerstimme rechts neben mir, »auch Knautschzone is an Fahrrad keine Vorschrift – Sicherheitsgurt schon garnich. Denk dran, wenne wieder aufsteichst!«

Das ist Rudi, seit drei Jahren Rentner, wie er mir etwas später erzählt. Vorher war er bei Krupp.

»Aba nich da oben,« meint er und deutet zum anderen Ufer, wo über dem See, malerisch ins Grün der Parkbäume gebettet, der ehemals Kruppsche Prachtsitz Villa Hügel zu sehen ist.

Rudi fährt seit drei Jahren Rad, das heißt dieses Rad. Ein Rennrad mit zwölf Gängen. Täglich ist er damit unterwegs – bis heute sind es genau 9784 Kilometer.

»Kannst ja ma nachkucken!« sagte er und deutet auf den Kilometerzähler. Ich glaube es auch ohne nachzusehen.

»Als ich noch nich auf Rente war, da hat ich sonne Wampe!« Er wölbt mit seiner rechten Hand einen imaginären Bauch: »Son Sterngeschwür! Jezz sin da dreißich Fund runner, aber stramm!« Und er sieht mich kritisch so von der Seite an.

Ich ziehe meinen Bauch etwas ein und klettere aufs Rad, denn es ist bald Mittag.

»Un fahr nich wieder wie sonne besengte Sau,« ruft mir Rudi nach, »denk dran, du has keine Knautschzone!«

Von starken Jungs und Leben im Verein

In der Gründerzeit, als die Rollenverteilung der Ge-schlechter noch sehr ausgeprägt war, galt ein Junge etwas, wenn er »ein ganzer Kerl« war. Und hier bei uns im Revier, wo für den jungen Arbeiter körperliche Kraft, Geschicklichkeit und Ausdauer beinahe das einzige Kapital war, das er im »Lebenskampf« einzusetzen hatte, wurde das auch in den von ihm bevorzugten Sportarten deutlich. Die Box- und Ringvereine, die »Stemmvereine«, wurden auch von den körperlich hart Arbeitenden bevorzugt.

Boxen hatte einen ziemlich niedrigen Sozialstatus. Und wenn man heute hört, daß zur Zeit in den USA Spitzenmanager in den Boxring steigen, um im Faustkampf ihre Durchsetzungskraft auch öffentlich zu beweisen, dann muß man schon sagen: So ändern sich die Zeiten...

Als ich im Jahre 1949 meinen ersten Boxkampf machte – es war eine Freiluftveranstaltung, Turnhallen und andere Räume waren ja noch Mangelware, der Boxring auf einem Schulhof aufgebaut – da war das Boxen wirklich nur was für uns »Proleten«. Bei uns im Boxverein waren fast alle irgendwo auf der Zeche beschäftigt; und ich kann mich nicht erinnern, daß wir da »etwas Besseres«, zum Beispiel einen kaufmännischen Angestellten, als Mitglied hatten.

Als ich dann in den Turnverein ging, da war das Sozialgefüge dort schon anders, da waren wir Bergleute eine Minderheit. Nicht unbeliebt zwar, denn unsere sportlichen Leistungen waren ja gut, doch als Berufsgruppe blieben wir eine Minderheit.

Das gesellige Leben im Turnverein war vielseitiger, lebhafter als bei den Boxern. Sicherlich auch bedingt durch die Anwesenheit von Jungen und Mädchen, Frauen und Männern, aber nicht nur aus diesem Grunde. Angefangen bei der Gestaltung der Vereinsfeste, bei denen wir auch Theater spielten, sangen, Volkstänze aufführten, hatte der Turnverein eine große Spannweite an Aktivitäten. Über die Vielseitigkeit seines sportlichen Angebots hinaus gehörten auch gemeinsam besuchte Theaterveranstaltungen, Ausflüge, und Wanderungen zum Vereinsleben.

Kraftsportler

Als das Fußballspiel Ende des letzten Jahrhunderts von England nach Deutschland importiert wurde, war diese Sportart Ausdruck eines Spiels, dessen Regeln mehr persönlichen Freiraum ließen, als es das strenge Reglement des damaligen deutschen Turnens erlaubte. Es war wohl so eine Art milder Protest mehr bürgerlicher Kreise. Später, als sich das Fußballspiel verstärkt auszubreiten begann, zog es auch zunehmend die jungen Arbeiter an.

Als sich dann das Spiel mit der luftgefüllten Lederkugel schließlich zum Massensport entwickelt hatte, zum ausge-

»Fest der Jugend« in Essen, 1. 7. 1933

sprochenen »Zuschauersport« geworden war, bot gerade diese Sportart den jungen Männern immer bessere Möglichkeiten zum sozialen Aufstieg. Ich habe es ja selber noch kurz nach dem Zweiten Weltkrieg erlebt, wie unterschiedlich in ein und dem selben Verein – es war ein »TSV«, also ein »Turn-und-Sport-Verein« – die Hierarchie der einzelnen Sportarten war. Hier wurden selbst mäßige Leistungen der Fußballabteilung viel wichtiger genommen, als beispielsweise wesentlich bessere Ergebnisse der Turner und Leichtathleten.

Fußballspiel im Stadion Karnap, US Helene um 1950

Grüne Flecken auf dem Stadtplan

Der Lebensraum einer Stadt ist ein vielschichtiges Gebilde, in dem die Menschen einander auf vielfältige Weise begegnen. Kultur ist, wie der ganze Mensch lebt und arbeitet.

Die Landschaft. Die menschliche Bewegung. Freunde und Nachbarn. Auch die Arbeit, aber selbstverständlich. Und wenn ich hier und jetzt an meinem Computer diese Wörter, Zeilen und Sätze schreibe, dann gehört auch das dazu.

Essen, ehemals die Anthrazit-Metropolis Europas, versucht grüne Flecken zu behalten. Noch bleibt Raum zum Leben zwischen dem Beton der Straßen.

Ein Bergmannskotten in Essen-Stadtwald um 1950

Der Baldeneysee. Der große Garten der Gruga. Bäume, Blumen und Büsche. Den Fördertürmen sind die Blätter abgefallen – über die Halden ist Gras gewachsen...

»Auf einem weißen Pferd nach Süden,« ist der Titel eines Romans von Jo Pestum, in dem hinreißend erzählt wird, wie ein Junge aus dem Essener Norden seinen »Aufstieg« zum Essener Süden versucht. Auch ein Stück Stadtgeschichte.

Ich wünsche mir, daß wir selbstbewußter werden. In dieser Region und auch in dieser Stadt. Daß wir uns nicht von Schaumschwätzern und Wortschrott-Händlern bevor-munden lassen. Ich glaube, wir haben genügend selber zu sagen. Nur müssen wir uns manchmal daran erinnern.

Zwischen Kaiserreich und Inflation

Die Reste einer Kaiserin in meiner Haut

Die Kaiserin Auguste-Victoria ist mir in meinem Leben dreimal begegnet.

Zum erstenmal, als ich vierzehn Jahre alt war. Das war wohl die anstrengendste Begegnung; denn elf Jahre lang, neun davon sogar tief in ihr, mußte ich auf ihrem Gelände malochen. In der von Lärm und Dreck erfüllten Sieberei und im Staubkeller. Später, in der Dunkelheit und Hitze ihrer Flöze und Querschläge, 1000 Meter unter ihrer Oberfläche. Das war wohl meine einprägsamste Begegnung, denn noch heute trage ich ein paar ihrer Reste, blauschwarz und in Narben eingewachsen, in meiner Haut. Lebenslange Erinnerungen an Arbeitstage und Nächte.

Die Kaiserin Auguste-Victoria um 1890

Es war die Zeche Auguste-Victoria in Marl-Hüls, zu Ehren eben dieser Kaiserin so benannt, die ich jedoch nicht zur Ehre Ihrer Majestät besuchte, sondern um zu überleben. Das sollte aber eigentlich der Ehre genug sein.

Die zweite Begegnung mit der Kaiserin hatte ich, es war knapp vierzig Jahre später, als ich das Foto betrachtete, das den Besuch eben dieser Kaiserin am 8. August 1896 vor dem alten Essener Rathaus zeigt. Zwar bleibt hier, man kann Ihre Majestät nicht so richtig von Angesicht sehen, eine gewisse Distanz erhalten, aber das Gesamtbild, so recht was für nostalgische Gemüter, ist schon sehenswert. Das Volk, in diesem Falle ausnahmsweise im Vordergrund, steht hinter einer Absperrung, während die Honoratioren der Stadt sich auf dem Platz versammelt haben, um Ihrer Majestät der Kaiserin ganz aus der Nähe zu huldigen.

Die Begegnung der dritten Art hatte ich durch ein Buch. Es heißt »Töchter-Album« und trägt den sehr ausführlichen Untertitel: »Unterhaltungen im häuslichen Kreise zur Bildung des Verstandes und Gemütes der heranwachsenden weiblichen Jugend«. Es ist »Ihrer Majestät der Kaiserin und

Die Kaiserin Auguste-Victoria und Prinz Heinrich von Preußen besuchen das Essener Rathaus, 6. August 1896

Königin Auguste-Victora in tiefster Ehrfurcht gewidmet von der Herausgeberin«, Berta Wegner-Zell.

Auf 508 Seiten ist sehr viel Erbauliches versammelt. In der Abteilung »Erzählungen und Märchen« wird zum Beispiel von »Wichtelkönigs Patenkind« berichtet. Eine dazugehörende Farbzeichnung zeigt eine Figur, die wie eine Kreuzung aus deutschem Gartenzwerg und Mainzelmännchen aussieht und auf dem untersten Ast eines mit Blüten bedeckten Baumes hockt.

Oder die Abteilung »Lebensbilder«, die sich eingehend mit Anna Amalia, der Herzogin-Regentin von Sachsen-Weimar-Eisenach, aus Anlaß ihres hundertsten Todestages, beschäftigt.

»Belehrende Aufsätze« befassen sich mit der »Pflege

Mobilmachung 1914, der Abmarsch der Essener Truppen

der Palmen«, »Bayreuth und Richard Wagner«, »Wäsche und Seife« und »Heldenmädchen und Heldenfrauen in schwerer Zeit«.

In letzterer Geschichte, verfaßt von Fr. Katt, wird von Mädchen und Frauen erzählt, die Anfang des 19. Jahrhunderts in verschiedenen Schlachten »dem Vaterlande Opfer brachten in jeder Gestalt«, das heißt: Sie kämpften und fielen »auf dem Felde der Ehre«. Allerdings unter männlichen Namen. Zum Beispiel wurde Eleonore Prochaska unter dem Namen »August Renz« getötet. Und der wahre Name eines zweiten Mädchens, das als Getötete »Carl Petersen« hieß, wurde erst garnicht genannt. Aber »Es wird berichtet, daß diese Heldenmädchen stets etwas Kindlich-Weibliches in ihrer ganzen Art zur Schau trugen und niemals die Grenzen dieser Weiblichkeit überschritten.«

Auch nicht im Sterben?

Was willst du werden?

Kaiser, Könige und der Adel vererbten ihre Privilegien an ihre Kinder. Die »niedrigen« Schichten ihre Armut. Die Erziehung im ausgehenden neunzehnten, beginnenden zwanzigsten Jahrhundert hatte ihre besonderen Gesetzmäßigkeiten. Die Anzahl der Schüler in einer Klasse konnte bis etwa »Kompaniestärke«, so ungefähr 100, betragen. Die Lehrkräfte damals waren zumeist Stock-Konservative, das heißt: Der Rohrstock, die Rute, der Knüppel, wurden von ihnen als wesentliches Erziehungselement in die damalige »Didaktik« integriert.

»Begleitmaterialen«, wie man heute wohl sagen würde, dieser Erziehung waren Bücher wie das oben erwähnte und auch das folgende, das »Plauderstündchen« genannt wurde und im Untertitel »Eine Festgabe zur Unterhaltung und Belehrung für Knaben und Mädchen von 8–12 Jahren« hieß. Darin veröffentlichte eine Frau Anna Marquardsen den folgenden Text:

Was willst Du werden?
»Komm Hans! Es ist zu heiß zum Spielen,
Wir wollen plaudern jetzt und ruhn.
Komm, setzt dich zu mir! Hier im Kühlen
Erzähle mir Geschichten nun.
Was willst Du werden? Kannst du's sagen?«
»Ich gehe zu den Kürassieren,
Dort werd ich bald ein rechter Mann,
Lern reiten, schießen, kommandieren,
Wenn Krieg ist, reite ich voran,
Die Feinde in die Flucht zu schlagen,
Sie in ihr Land zurückzujagen.«
»Jedoch sie werden auf dich schießen,
Vielleicht gar schießen sie dich tot.

Grad in die Brust, – das Blut wird fließen!«
»Ei Liesel, das hat keine Not.
Ich ruf Hurra! und fall vom Pferde,
Dann liegt ein Tapfrer auf der Erde.«
»Geh du nur hin zu den Soldaten,
Der Vater wird sich drüber freu'n!
Bin ich erst groß und wohlgeraten,
So will ich eine Waschfrau sein.
Ja, waschen will ich und mich mühen
Und meine Kinder auferziehen.
Recht viele Kinder möcht ich haben
Und sehr gestrenge will ich sein.
Wenn's not tut, sperr ich meine Knaben
In eine dunkle Kammer ein.
Ja, viele Kinder möcht ich haben,
Viel Mädchen und auch viele Knaben.«

Kaiser Wilhelm II. war im Jahre 1888 als Neunundzwanzigjähriger auf den Thron gekommen. 1896, als Essen Großstadt wurde, besuchte er diese Stadt – und natürlich auch die Firma Krupp. Wilhelm II. sorgte im Verlauf seiner Regierungszeit mit martialischen Reden und imperialem Gehabe dafür, daß das Deutsche Reich in erschreckendem Maße aufrüstete – und auch das Bewußtsein vieler Deutscher militarisiert wurde. Und dann, zu Beginn des Ersten Weltkrieges, zogen besonders die jungen Deutschen mit einer schon an Manie grenzenden Begeisterung ins »Feld der Ehre«. Viele Schüler und Studenten waren dabei.

Der Essener Rudolf Haux, Jahrgang 1894, vormals Schüler des Helmholtz-Gymnasiums, schrieb kurze Zeit nach Kriegsbeginn in einem Feldpostbrief an seine Eltern: »Ich bin stolz, als deutscher Offizier mich fürs Vaterland in die Schanze schlagen zu können.« Am 17. September 1914 wurde Rudolf Haux getötet.

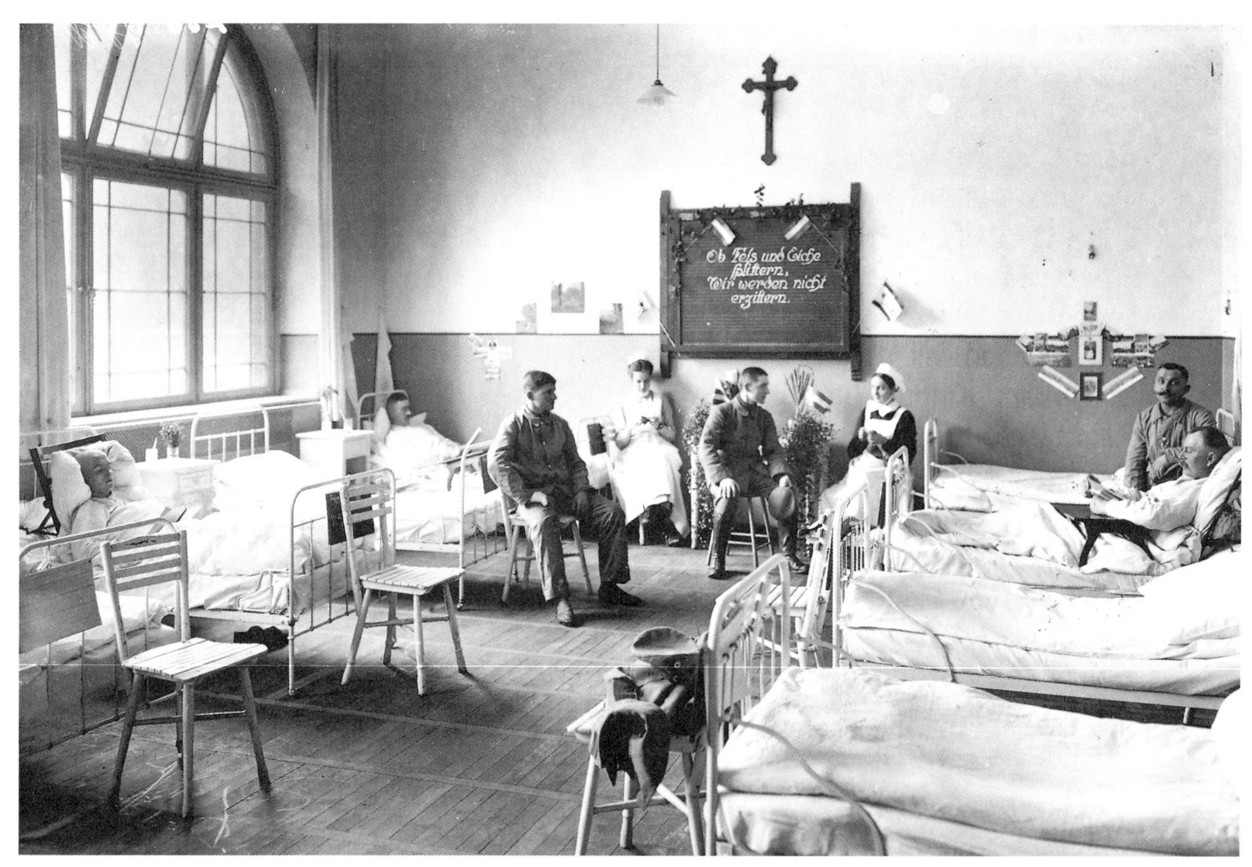

»Ob Fels und Eiche splittern, wir werden nicht erzittern«; im Lazarett, Ernst-Moritz-Arndt-Haus, während des 1. Weltkriegs

Liebesgabenspende der Essener unter dem Bilde der Kaiserin

In der Küche der Bahnhofskommandantur

Oder Hugo Baumeister aus Essen-Borbeck, 1892 geboren, der an seine Eltern schrieb: »Na, wenn wir Borbecker Jungens mal loshauen, dann gibt's Staub. Jeder Schuß ein Russ! Jeder Stoß ein Franzos!« Und ein paar Wochen später: »Die erste Granate schlug wieder gut ein, mitten zwischen uns, die ersten sechs. Der Hauptmann hatte Granatsplitter in jeder Hand und in der Brust. Der Feldwebel bekam einen Splitter ins Knie, dem Spielmann und dem Winker wurde der Unterleib aufgerissen. Und ich kam wieder besser davon ab, denn von der Erde, die von der Granate aufgeworfen wurde, bekam ich ein Stück an den Kopf, wodurch ich für einige Minuten die Besinnung verlor. Als ich wieder zu Bewußtsein kam, floß Blut aus Mund und Nase.(...) Rechts und links von mir lagen Tote und Verwundete. Es war ein furchtbares Jammern und Stöhnen.« Im Jahre 1915 wurde Baumeister an der Ostfront getötet.

Aber auch an der »Heimatfront« wurde gekämpft und gelitten. Die Schuljugend, sofern sie nicht »im Felde« stand, wurde zur »Armee an der Heimatfront« ernannt. Sie mußte alte Knochen (!), Brennesselstengel, Menschenhaar und Obstkerne ebenso sammeln wie Altpapier und Altgummi, Korkabfall und Weißblech. Ein »Liebesgabendienst« wurde angeordnet, in dem Pakete und Päckchen den Soldaten an die Front und in die Lazarette geschickt wurden, obwohl die Bevölkerung inzwischen hungerte, die Kinder unterernährt waren, im Winter in Holzschuhen, im Sommer barfuß gehen mußten.

Als dann im Jahre 1918 der Erste Weltkrieg zu Ende ging, waren 10 Millionen Menschen getötet, rund 20 Millionen verwundet, verstümmelt worden. Die Gesamtkosten dieses Krieges – zerstörtes Kriegsmaterial, Zerstörungen durch den Krieg und sonstige finanzielle Ausgaben – werden auf etwa 732 Milliarden (732 000 000 000) Mark geschätzt. Dazu kamen noch 606 Milliarden (606 000 000 000) Mark an indirekten Kosten. Der Wert der 10 Millionen Getöteten und 20 Millionen Verstümmelten ist in Geld nicht zu beziffern.

Zwei Republiken am Anfang und später die Schlacht am Wasserturm

Von Anfang an war die deutsche Republik ein äußerst schwieriges Gebilde. Sie wurde, fünf Tage nach dem Aufstand der Kieler Matrosen, am 9. November 1918 ausgerufen.

– Um 14 Uhr durch Phillipp Scheidemann (SPD) vom Balkon des Berliner Reichstagsgebäudes.

Die Steeler Straße mit dem Wasserturm, Anfang 20. Jahrhundert

Der Kapp-Putsch 1920, Militär auf dem Kopstadtplatz

»Les Parisiens en exil« Französische Soldaten in Essen während der Ruhrbesetzung

– Um 16 Uhr durch Karl Liebknecht (Spartakusbund/KPD) vor dem Berliner Schloß.

Seine Majestät der Kaiser hatte sich ja nach Holland zurückgezogen – und die Bevölkerung, besonders im Ruhrgebiet, hungerte.

Es gab Aufstände, Streiks und Unruhen. Die Reichswehr wurde gegen streikende Arbeiter eingesetzt. Es gab Tote und Verletzte.

Am 6. Februar 1919 wählte die Nationalversammlung Friedrich Ebert zum Reichspräsidenten. Am 11. August wurde dann die Weimarer Verfassung unterzeichnet, die dieser Republik ihren geschichtlichen Namen gab.

Als dann im Frühjahr 1920 die Freikorps, von ehemaligen Offizieren aus eigener Initiative gegründet, aufgelöst werden sollten, da nach dem Versailler Vertrag vom 10. Januar 1920 die deutsche Truppenstärke vermindert werden mußte, marschierte am 13. März die Freikorps-Brigade Erhardt in Berlin ein. Der deutschnationale Ostjunker Dr. Wolfgang Kapp ernannte sich selbst zum Reichskanzler und fand auch Unterstützung durch örtliche Reichswehrführer. Die Regierung mußte aus Berlin fliehen. Bürgertum und Heeresleitung verhielten sich abwartend, die Gewerkschaften jedoch riefen den Generalstreik aus. Im ganzen deutschen Reich folgten die Arbeiter und Angestellten diesem Aufruf.

Im Revier wollten die Arbeiter mehr als nur streiken. Sie wollten Mitbestimmung in den Betrieben und die Säuberung der Staatsverwaltung von allen Feinden der Republik. Sie bewaffneten sich, es bildete sich spontan eine Rote Ruhrarmee, die gegen Reichswehr und Freikorps zu kämpfen begann. Auch als der Generalstreik den Kapp-Putsch am 17. März zusammenbrechen ließ, kämpfte die Rote Ruhrarmee, es sollen so zwischen 50000 bis 120000 Mann gewesen sein, weiter. Die Arbeiter wollten ihre Ziele jetzt mit der Waffe durchsetzen.

Am 19. März wurde Essen, nach Kämpfen gegen Reichswehr und Sicherheitspolizei (SIPO), von der Roten Ruhrarmee besetzt. Es gab Tote und Verletzte auf beiden Seiten.

Im Steeler Wasserturm hatten sich Angehörige der Sicherheitspolizei und der Bürgerwehr verschanzt. Diese Turmbesatzung glaubte nicht, obwohl sie telefonisch darüber informiert wurde, daß am Nachmittag im Essener Rathaus ein Waffenstillstand geschlossen worden war.

Der Hergang der Ereignisse ist nicht restlos zu rekonstruieren. Der Essener Historiker Dr. Ernst Schmidt nennt zwei Versionen:

- Zum einen wird behauptet, die Besatzung des Turmes habe zum Zeichen ihrer Aufgabe die weiße Flagge gehißt und sei dann an den Ausgängen von Mitgliedern der Roten Ruhrarmee getötet worden.
- Die zweite Version besagt, die Turmbesatzung habe nach Hissen der weißen Flagge weitergeschossen. Bei der anschließenden Erstürmung des Turmes durch Angehörige der Roten Ruhrarmee habe es auf beiden Seiten Tote und Verwundete gegeben.

Sicher scheint allerdings, daß nicht, wie bisher behauptet wurde, 40 Verteidiger des Steeler Wasserturmes getötet wurden, sondern 11. Die Zahl der Toten bei den Angreifern ist nicht genau bekannt.

Die Kämpfe im Ruhrgebiet gingen auch nach der Unterzeichnung des »Bielefelder Abkommens« Anfang April wei-

Französische Tanks am Bahnhof Kray-Nord, 1923

ter. Vier Tage lang, vom 3. bis zum 6. April, wurde zum Beispiel am Rhein-Herne-Kanal in Essen-Karnap gekämpft. Die Reichswehr ging schließlich zum Großangriff auf die bewaffneten Arbeiter über. Weit über 1000 Gefallene gab es im Ruhrgebiet. Eine noch größere Zahl soll bei der Gefangennahme durch die Reichswehr, auf der Flucht oder standrechtlich erschossen worden sein.

Die armen Millionäre

Rechts: Während des Kapp-Putsches zerstörtes Haus, Nordsternstraße, Altenessen

Schon 1920 wurden auf dem Essener Kruppgelände unter der Kontrolle französischer Soldaten 9000 Maschinen demontiert. Das war über die Hälfte des Maschinenbestan-

des. Darüber hinaus wurden ca. 800000 Werkzeuge zerstört, 22000 Kubikmeter Mauerwerk niedergerissen.

Am 11. Januar 1923 besetzten französische und belgische Truppen das Ruhrgebiet. Geringfügige Verzögerungen der deutschen Reparationsleistungen waren zum Anlaß genommen worden, um mit 100000 Soldaten ins Revier einzumarschieren. Die Bevölkerung wählte den passiven Widerstand. In dieser Zeit, die als »Ruhrkampf« bezeichnet wird, fuhren die Arbeiter zwar in die Gruben ein, die Stahlarbeiter und Angestellten gingen auch zu ihren Arbeitsstellen. Doch was sie dann dort taten, konnte man wohl nicht so recht als Arbeit bezeichnen. Das Wirtschaftsleben im Ruhrgebiet kam fast völlig zum Erliegen, die Währung des gesamten Deutschen Reiches wurde zerrüttet. Bei der Aufführung von Schillers Wilhelm Tell kam es beim Rütlischwur:

»Wir wollen sein ein einzig Volk von Brüdern,
In keiner Not uns trennen und Gefahr,
Wir wollen frei sein wie die Väter waren...«

im Essener Stadttheater zu einer spontanen Demonstration. Am nächsten Tage sperrten die französischen Besatzungstruppen das Theater mit Panzern ab!

Am 26. September 1923 mußte die Reichsregierung den »Ruhrkampf« beenden. In einem Regierungsaufruf heißt es: »Die Reichsregierung hatte es übernommen, nach ihren Kräften für die leidenden Volksgenossen zu sorgen. In immer steigendem Maße sind die Mittel des Reiches dadurch in Anspruch genommen worden... Die einstige Produktion des Rheinlandes und des Ruhrgebiets hat aufgehört. Das Wirtschaftsleben im besetzten und unbesetzten Deutschland ist zerrüttet... Mit furchtbarem Ernst droht die Gefahr, daß... die Schaffung einer geordneten Währung, die Aufrechterhaltung des Wirtschaftslebens und damit die Sicherung der nackten Existenz für unser Volk unmöglich wird.«

Der Wert der Mark, gemessen an einer Goldmark des Jahres 1914, betrug im Dezember 1919 noch 10 Mark. Als dann im Jahre 1923 der »Ruhrkampf« zu Ende ging, da war die Goldmark 1 Billion (1000000000000) Papiermark wert.

Der Krieg verwandelt das Gesicht einer Stadt

Ein entscheidendes Wahlergebnis in der drittgrößten Stadt Preußens

1933 hatte Essen 654461 Einwohner und war damit die drittgrößte Stadt Preußens. Aufgrund der hohen Industrialisierung war Essen vom Bergbau und der Stahl- und Eisenindustrie sehr abhängig. Diesen Industriezweigen ging es in der Zeit der Weltwirtschaftskrise ganz besonders schlecht. Die finanzielle Lage der Stadt war demnach einfach katastrophal. Leidtragende waren hauptsächlich die Arbeiter, die mit ca. 60 % den größten Teil der Bevölkerung stellten.

Mit über 83000 Arbeitslosen bei 187000 Erwerbstätigen – fast jeder zweite Arbeitsfähige also ohne Arbeit – war Essen im Jahre 1932, dem Vorjahr der »Machtergreifung« der Nationalsozialisten, eine krisengeschüttelte Stadt.

An der Spitze der Stadt stand von 1924 bis 1932 der Oberbürgermeister Dr. Franz Bracht. Parteillos, war er mit Unterstützung des damals sehr starken Zentrums in sein Amt gekommen. Im Verlauf seiner Amtszeit jedoch begann er sich allmählich der politisch extremen Rechten, den Nationalsozialisten, immer mehr zu nähern. Er fand auch einen wichtigen Verbündeten in einer starken Machtposition: Den Essener Polizeipräsidenten Dr. Melcher. Diese Macht-Konstellation wurde noch durch die überaus guten Verbindungen der beiden Männer zur Schwerindustrie verstärkt.

In diesem Machtverbund wurde den Nazis sehr viel mehr erlaubt, als in anderen Städten des Ruhrgebiets. So konnten sie beispielsweise, trotz eines offiziellen Demonstrationsverbotes, am 30. Oktober 1932 in Essen einen »Hitlertag«, feiern. In geschlossenen Formationen, mit Fahnen und Standarten, so zogen sie unter dem Schutz der Polizei durch die Stadt. Diese offensichtliche Demonstration nationalsozialistischer Präsenz und Macht konnte ungehindert

Die Umbenennung der Kettwiger Straße in Adolf-Hitler-Straße am 20. April 1933

...während des Besuchs der Banater Schwaben in Essen, 8. 8. 1937

stattfinden, während einige Tage zuvor, bei der Beerdigung des von den Nazis ermordeten Reichsbannermannes Hanning, nicht einmal die Gewerkschaftsfahne gezeigt werden durfte!

Auch die zahlreichen Gewalttaten der SA wurden durch die Essener Polizei gedeckt. Gelang es trotzdem, eine Anklage durchzubekommen, dann wußte die Justiz die Bestrafung von Nazi-Gewalttaten zu verhindern.

Vor dem Hintergrund der wirtschaftlich negativen Entwicklung wuchs die NSDAP soweit an, daß sie bei der Reichstagswahl am 5. März 1933 mit 119781 Stimmen erstmalig die bis dahin in Essen führende Zentrumspartei, die es auf 118008 Stimmen brachte, vom ersten Platz verdrängen konnte.

Obwohl es ja nur 1773 Stimmen oder 0,45 Prozent mehr waren, wirkte dieses Wahlergebnis in der mehrheitlich katholischen Stadt Essen, einer Hochburg der Zentrumspartei, wie ein Schock!

Der große Stimmenzuwachs der NSDAP war in erster Linie den Wählern aus Bredeney und Rüttenscheid zu verdanken, Stadtteilen, in denen damals das bürgerlich-mittelständische bis großbürgerliche Wählerpotential zu Hause war.

Es ist interessant, das Wahlergebnis von damals näher zu betrachten. Die Gesamtzahl der in Essen abgegebenen gültigen Stimmen war: 390689.

Davon entfielen auf:

NSDAP:	30,66 %	(119781)
Zentrum:	30,21 %	(118008)
KPD:	19,97 %	(78008)
SPD:	10,82 %	(42602)
Sonstige Parteien:	8,34 %	(32602)

In diesem Zusammenhang ist es nicht uninteressant, die Essener Wahlergebnisse mit denen des übrigen deutschen Reiches zu vergleichen:

NSDAP:	43,9 %
Zentrum:	11,2 %
KPD:	12,3 %
SPD:	18,3 %

Dieser Vergleich zeigt, daß in Essen die Ergebnisse der NSDAP deutlich unter dem Durchschnitt des deutschen Reiches lagen. Die Ergebnisse des Zentrums wiederum deutlich darüber, ebenso die Stimmenanteile der KPD, während die SPD unter dem Reichsdurchschnitt geblieben war.

Demonstration der Macht und Zeit der Unterdrückung

Kaum waren die Nationalsozialisten an der Macht, als sie in allen Bereichen konsequent und brutal ihre Positionen auszubauen begannen. Dabei scheuten sie sich nicht mit allen Mitteln der Täuschung vorzugehen. So wurden beispielsweise die Veranstaltungen zum 1. Mai 1933 noch gemeinsam mit den Arbeitern durchgeführt. Doch schon am Tage darauf wurden die freien Gewerkschaften im gesamten Reichsgebiet aufgelöst und zerschlagen.

In Essen erfolgte diese sogenannte »Aktion zum Schutze der Arbeiterschaft« folgendermaßen: Morgens um 9 Uhr versammelten sich die erwerbslosen SA-Männer unter der Führung der Standartenführer Dahlem und Schultz und begannen, Wohnungen und Büros der Gewerkschaftsführer zu besetzen und zu durchsuchen. Die 31 führenden Gewerkschaftsfunktionäre wurden in »Schutzhaft« genommen, das Gewerkschaftseigentum in die »Deutsche Arbeitsfront« überführt, die Arbeiterschaft offiziell »gleichgeschaltet«.

Diese »Gleichschaltung« erstreckte sich auch auf das kulturelle Leben.

So wurde etwa die modellhafte, sehr erfolgreiche Bibliotheksarbeit des sozialdemokratischen Direktors der Essener Stadtbücherei, Eugen Sulz, durch seine von den Nazis verfügte Entlassung abgebrochen. Sulz wurde durch den Nationalsozialisten Richard Euringer ersetzt, der schon am 21. Juni 1933, dem Tag der »Sonnenwendfeier«, auf dem »Platz des 21. März« (Gerlingplatz) mehrere tausend Bücher in die Flammen eines Scheiterhaufens werfen ließ. Das aber war nicht der erste Scheiterhaufen dieser Art in Essen, denn schon zwei Tage zuvor hatten Lehrer und

Schüler des Helmholtz-Realgymnasiums »undeutsche« Bücher, zum Beispiel von Zuckmayer, Toller, Remarque, Thomas Mann, öffentlich verbrannt! Richard Euringer rühmte sich dann ein paar Jahre später, die Ausleihzahlen der Stadtbücherei um ein Drittel gesenkt zu haben. Was von ihm auch noch als »Gesundung« bezeichnet wurde!

Ein weiteres Opfer der nationalsozialistischen »Kulturreinigung« wurde Kurt Jooss, der Schöpfer des weltberühmten Tanzdramas »Der grüne Tisch«, das am 3. Juli 1932 seine Uraufführung beim Wettbewerb des Internationalen Tanzarchivs in Paris erlebte – und den 1. Preis erhielt. Jooss hatte sich 1933 geweigert, den Komponisten und Mitschöpfer von »Der grüne Tisch«, Fritz Cohen, aus der Zusammenarbeit zu entlassen, der geforderten »Entjudung« seines Tanztheaters zuzustimmen. Jooss benutzte 1933 eine Auslandstournee, die ihn mit seiner Tanzgruppe nach Belgien, Holland, Frankreich, in die Schweiz und schließlich nach England führte, um dort in die Emigration zu gehen.

Der Widerstand beginnt

Spätestens mit dem Zerschlagen der Gewerkschaften begriffen viele Menschen, welchen Weg die Nationalsozialisten einschlugen. Jetzt begann sich der Widerstand der organisierten Arbeiterschaft verstärkt zu formieren, insbesondere bei der KPD, die schon im Sommer 1933 ihre illegale Organisation mit dem Ziel aufbaute, die Massen gegen Hitler zu mobilisieren. Aber auch in den Reihen der Sozialdemokraten begann sich der Widerstand zu entwickeln.

Alle jedoch sahen sich einem Verfolgungsapparat gegenüber, der jedes Machtmittel eines autoritären Staates besaß und skrupellos einsetzte. Besonders die ersten Jahre nach der Machtergreifung forderten viele Opfer gerade aus den Reihen dieser Menschen!

Auch in den Kirchen regte sich der Widerstand, insbesondere in der bekennenden Kirche, in der Menschen wie Pfarrer Held – den die Nazis als ersten evangelischen Pfarrer schon 1933 verhafteten – und der spätere Bundespräsident

Dr. Gustav Heinemann, besonders erwähnt werden sollten. Aber auch jener katholische Priester Salz, der 1934 während einer Prozession die Gläubigen aufforderte – mitten auf dem Essener »Adolf-Hitler-Platz«! – doch dafür zu beten, daß die Mutter Gottes die »Notzeit« beenden möge!

Je weiter die Unterdrückung fortschritt, desto heimlicher und differenzierter mußten die Methoden des Widerstandes werden. Und die Brutalität der Bestrafungen durch das Nazi-Regime nahm zu. Psychische und physische Gewalt, Folterungen waren an der Tagesordnung. Der Terror der Nazis schnürte den Widerstand immer weiter ein, forderte immer weitere Opfer. Unzählige Menschen kamen in die sogenannte »Schutzhaft«, wurden in Zuchthäuser eingeliefert oder in Konzentrationslager, wurden gefoltert und ermordet!

Die Waffenschmiede des Deutschen Reiches und Lichter in der Finsternis

Durch die konsequenten Kriegsvorbereitungen des Nazi-Regimes erlebte die deutsche Rüstungsindustrie einen bis dahin nicht gekannten Aufschwung. Die Zahl der Arbeitslosen nahm rapide ab – und die Herrschaft der Nationalsozialisten festigte sich immer mehr.

Essen, Stammsitz der Krupp-Dynastie, schon als Waffenlieferant des Ersten Weltkrieges berüchtigt und auch berühmt, nahm an dem neuen Rüstungsaufschwung großen Anteil.

Krupp als Name ist unlösbar mit der Nazi-Diktatur verbunden. »Zäh wie Leder, hart wie Kruppstahl...« um einen Ausspruch Hitlers zu erwähnen, so sollte die deutsche Jugend sein. Und als dann am 27. September 1937 der italienische Faschistenführer Mussolini Essen besuchte und am Hauptbahnhof seinen Sonderzug verließ, sah er ein riesiges Transparent, das quer über die Fassade des städtischen Renommierhotels »Handelshof« verlief – hoch über den Köpfen der in engen Reihen angetretenen SA- und SS-Leute: »HERZLICH WILLKOMMEN IN DER WAFFENSCHMIEDE DES DEUTSCHEN REICHES.«

FRISEUR
Wann Kommt endlich
der Friede.

Eine Bevölkerungsgruppe hatte unter der braunen Diktatur besonders viel Leid zu ertragen. Das waren die Juden.

Ihre Unterdrückung begann sofort nach dem Regierungswechsel. Schon am 1. April 1933 wurde zum Boykott der jüdischen Geschäfte – »Kein Deutscher kauft noch bei einem Juden!« – aufgerufen. SA-Leute in Uniform hinderten die Menschen am Betreten der Geschäfte. Und Essens Oberbürgermeister verbot der Stadtverwaltung, jüdische Firmen mit öffentlichen Aufträgen zu versehen.

Durch das »Gesetz zur Wiederherstellung des Berufsbeamtentums« wurden im gleichen Jahre Juden auch vom öffentlichen Dienst ausgeschlossen. Bald darauf wurden jüdische Kinder in weiterführenden Schulen nicht mehr zugelassen, eine Zulassungssperre für die meisten Studienfächer an den Universitäten folgte. Und 1938 wurde schließlich Judenkindern der Besuch aller öffentlichen Schulen verboten. So nach und nach wurden die jüdischen Mitbürger aus allen beruflichen Positionen außerhalb von Handel, Industrie und Gewerbe hinausgedrängt.

Höhepunkt dieser Maßnahmen waren die »Nürnberger Gesetze«, die anläßlich des Reichsparteitages 1935 verkündet wurden. Darin wurden alle Juden unter Ausnahmerecht gestellt.

Im Jahre 1933 wohnten über 4500 Juden in Essen. Als dann in der Progrom-Nacht vom 9. auf den 10. November 1938 – von den Nazis als »Reichskristallnacht« bezeichnet, die aber in der Wirklichkeit eine Nacht des Feuers, des Blutes und der Tränen war – die Synagoge brannte, jüdische Geschäfte und Wohnungen verbrannt und geplündert wurden, da waren es nur noch knapp 2000. Und wiederum fünf Jahre später, im Jahre 1943, hieß es im zynischen Nazijargon, daß die Stadt Essen »judenrein« sei. Im Klartext: Alle jüdischen Mitbürger Essens – bis auf ganz wenige, die von Familienangehörigen oder Bekannten unter eigener Gefahr versteckt wurden – waren in Konzentrationslager, Vernichtungslager abtransportiert worden!

Doch auch in einer Zeit finsterster und brutalster Entmenschlichung gab es Handlungen, die wir, dem Titel des gleichnamigen Buches des Essener Historikers Dr. Ernst Schmidt entliehen, mit »Lichter in der Finsternis« bezeichnen wollen.

Bild links:
»Wann kommt endlich der Friede?«
Zerstörung in Essen Segeroth, um 1945

Als Beispiel soll von der Rettung der Jüdin Gerta Becker berichtet werden, der Ehefrau des Essener Malers Karl Becker, der aus der »Reichskulturkammer« ausgeschlossen wurde, weil er sich nicht von seiner »nichtarischen« Ehefrau trennen wollte. Daraufhin wurde ihm die Ausstellung seiner Bilder verboten, ihr Verkauf untersagt. Ihm sollte die materielle Grundlage seines Lebensunterhalts entzogen werden. Als Karl Becker dann während des Krieges starb, blieb seine Frau mit ihrem Sohn allein zurück. In dauernder Angst, ins Konzentrationslager deportiert zu werden.

Eines abends kam dann Gerta Becker sehr verängstigt zu Pater Franz Trimborn und erzählte, daß die Polizei in ihrer Wohnung gewesen wäre, um sie abzuholen. Zu ihrem Glück sei sie selber unterwegs gewesen und hätte nach ihrer Rückkehr durch die Nachbarn von dem Polizeibesuch erfahren.

Pater Trimborn, zu dieser Zeit Pfarrektor in Essen-Borbeck, hatte in dieser für Frau Becker verzweifelten Situation den Einfall, die Hilfe seines Hausarztes Dr. Feldhoff zu erbitten. Er telefonierte sofort mit ihm, schilderte die Situation und fragte, ob Frau Becker nicht für einige Zeit im Krankenhaus Borbeck untergebracht werden könnte. Trotz der Gefahr, in die er sich damit brachte, sagte Dr. Trimborn sofort zu.

Schon am nächsten Morgen kam Frau Becker ins Borbecker Krankenhaus. Und als Pater Trimborn dort anrief, um sich nach ihr zu erkundigen, erzählte ihm die Schwester in der Aufnahmeabteilung, daß inzwischen die Geheime Staatspolizei, die sogenannte »Gestapo«, schon zweimal angerufen und nach Frau Becker gefragt hätte. Erschrokken erkundigte sich der Pater über weitere Einzelheiten, da erklärte ihm die Schwester, daß sie gesagt hätte, Frau Bekker sei bereits im Operationssaal.

Tatsächlich ist Frau Becker nach ihrer Einlieferung auch sofort operiert worden. Und zwar am Blindarm, obwohl dieser völlig gesund war...

Nach der Operation behielt Dr. Feldhoff sie noch wochenlang im Borbecker Krankenhaus. Und später konnte sie sich vor der Polizei versteckt halten und die Schreckenszeit des Faschismus überleben.

Angst am Himmel oder Erinnerungen am Ufer eines kanadischen Sees

Das Naziregime wütete immer grausamer, je länger der Zweite Weltkrieg dauerte. Ein Krieg, der, von deutschem Boden begonnen, viele Millionen Menschen in Europa und der ganzen Welt tötete und besonders die Städte an Rhein und Ruhr zerstörte.

»Why?« fragte der alte Mann, »why?«

Dann schaute er schweigend in Richtung auf den See, der stahlblau vor unseren Blicken im Licht des Sommernachmittags lag.

Es war in Penticton im westkanadischen Okanegan-Tal. Dieses Tal verläuft in einer Länge von fast zweihundert Kilometern zwischen zwei sanften Hügelrücken nach Süden zu, fast bis zur US-amerikanischen Grenze. Hier herrscht das wohl mildeste Klima Kanadas, fast mediterran. Obst- und Weinplantagen bedecken die Rücken der Hügel. Die Talsohle wird von Seen ausgefüllt, an dessen größtem, dem Okanegan-Lake, die Stadt Penticton liegt.

Meine Frau und ich waren auf unserer Reise quer durch den riesigen kanadischen Kontinent für ein paar Tage in dieser lieblichen Landschaft geblieben, um nach den vielen und wechselnden Eindrücken etwas zur Ruhe zu kommen, ehe wir uns in Vancouver, am Pazifischen Ozean gelegen, von diesem großartigen Land verabschieden würden. Das Motel lag ganz in der Nähe des Sees. Und seine Inhaber, ein altes Ehepaar, kamen an diesem Nachmittag mit uns ins Gespräch.

Es dauerte eine längere Zeit, ehe der alte Mann aus den Bildern seiner Erinnerungen langsam zu uns zurückkehrte. Er begann wieder zu erzählen, sprach von den Nächten der Angst, von seinen nächtlichen Bombenflügen, die ihn von der englischen Insel aus an den Himmel von Essen, in den Luftraum des Ruhrgebiets gebracht hatten. Und keiner der Piloten, die die Bomber der Royal Airforce mit ihrer Todeslast flogen, wußte beim Abflug, ob er je wieder landen würde.

»Ich hatte Angst bei jedem Start,« sagte der alte Mann, »aber wir mußten fliegen! Nach Essen, das Flugzeug voller Bomben! Wenn uns ein Flackgeschoß getroffen hätte – ich darf gar nicht daran denken!« Und dann erzählte er weiter, daß er bei Bombardierungen der Firma Krupp – er sagte: »Krapp« – dabei gewesen wäre.

»Ja,« ergänzte irgendwann seine Frau, »wir hatten alle Angst! Sehr viel Angst! Wir beide waren damals noch nicht lange verheiratet, unser Sohn gerade erst geboren! Es war sehr schlimm in diesen Jahren!«

»Why?« fragte der alte Mann wieder, »warum? Warum müssen Menschen nur so etwas tun?«

Und da hatte uns wieder die Vergangenheit eingeholt, mitten im tiefsten Frieden; nach so vielen Jahren und so viele tausend Kilometer entfernt von der Stadt, in der wir lebten.

Eine Stadt aus 15 Millionen Kubikmetern Trümmer

Schon 1940 warfen die Maschinen der Royal Airforce die ersten Bomben auf Essen. Allein in der Nacht zum 6. März 1943 wurden aus 442 britischen Bombenflugzeugen innerhalb von 45 Minuten 137000 Brandbomben und 1100 Sprengbomben auf die Stadt geworfen! Das 1100 Jahre alte Münster brannte aus, 482 Menschen starben in den brennenden Trümmern der Stadt.

Zerstörungen in Bergeborbeck, Millendonckweg, 1945

Das zerstörte Gefängnis in Rüttenscheid
7. März 1945

Essen war gegen Ende des Krieges ein riesiger Trümmerhaufen. Allein im Jahre 1944 mußten die Menschen hier 311 Fliegeralarme und 55 Luftalarme ertragen. In diesem Jahr wurden auf Essen 881 der riesigen Luftminen, jede tonnenschwer mit Sprengstoff gefüllt, abgeworfen. Dazu 19241 Sprengbomben, 101415 Phosphorbomben und 602100 »gewöhnliche« Brandbomben! Schon allein die Anzahl der Brandbomben war größer als die Zahl der Menschen, die zu dieser Zeit noch in Essen lebten! In diesem

Das zerstörte Essener Münster, 1945

Inferno aus Flammen und Angst wurden bis zum Kriegsende 32440 Essener getötet. Soviele Menschen, wie eine mittlere Stadt Einwohner hat!

Die »Waffenschmiede des Deutschen Reiches«, so hatten die Nationalsozialisten einst diese Stadt genannt. Und die Alliierten hatten mit ihren erbarmungslosen Luftangriffen bestätigt, daß sie diese Benennung sehr ernst nahmen!

In Essen befand sich eine der leistungsfähigsten Rüstungsbetriebe des nationalsozialistischen Deutschland, die Firma Krupp. Dieser Name, ein Symbol der deutschen Kriegsmaschinerie, provozierte die Alliierten Streitkräfte dazu, bis zum Ende des Krieges fast anderthalb Mil-

Bild links:
Luftaufnahme der zerstörten Essener Innenstandt, 1943

Zerstörungen nach dem Bombardement im März 1944, Ecke Friederiken-/Witteringstraße

lionen Bomben verschiedenster Größe und Wirkungsweise über Essen abzuwerfen! Man versuche sich das doch einmal vorzustellen: Fast 1 500 000 Bomben auf eine einzige Stadt! Und einige Menschen in Essen können sich noch an diese apokalyptischen Tage und Nächte sehr gut erinnern.

Am 11. April 1945, knapp einen Monat vor der Kapitulation am 8. Mai, wurde Essen dann von amerikanischen Truppen besetzt. Die deutschen Truppen hatten sich aus Essen zurückgezogen, nur in Werden befand sich noch eine kleine Einheit, die aber durch den Einsatz amerikanischer Artillerie vertrieben wurde. Von diesem 11. April an war dann für diese Stadt der Krieg vorbei. Seine Folgen jedoch blieben.

Nach dem Krieg ein neuer Anfang

Ein Stückchen Maisbrot und Schnee über den Trümmern

Es war morgens kurz vor vier Uhr. Der Märzwind wehte die Kälte der Nacht zwischen den Trümmerfeldern umher. Eine leichte Schneedecke hatte sich am Abend auf die Stadt gesenkt, hatte die Trümmerberge zu beiden Seiten der freigeräumten Straßen mit einem dünnen Weiß bezogen und ihren Anblick erträglicher gemacht; hatte das verwüstete Gesicht der Stadt mit einer dünnen, weißen Schminke überzogen und der Zerstörung, wenigstens zu dieser Zeit des beginnenden Übergangs vom Ende der Nacht zum Morgen, ein wenig Unwirklichkeit verliehen.

Der Wind pfiff zwischen den Trümmerbergen hindurch, wehte die freigeräumten Straßenschneisen entlang, bewegte die Wolkenfetzen am Nachthimmel, die ab und zu den Blick auf die dünne Sichel eines Mondes freigaben, dessen kaltes Licht im Weiß der schneebedeckten Trümmer wechselnd reflektierte.

Ich ging vornübergebeugt dem Wind entgegen. Den Kopf fröstelnd zwischen die Schultern gezogen, die Hände tief in die ausgefransten Taschen einer alten, viel zu weiten Jacke vergraben, die vor mir schon andere Träger gekannt hatte. Ich ging die freigeräumte Straßenschneise entlang, die sich unbeleuchtet zwischen den Trümmerbergen hindurchwand. In diesen Augenblicken allerdings unwirklich erhellt von Mondsichel und Schnee.

Ich trottete über die dünne Schneeschicht, die den an manchen Stellen zerrissenen Straßenbelag verdeckte. Und die Abdrücke meiner zu großen Schuhe mit ihren Sohlen aus dem Gummi verschlissener Autoreifen preßten flüchtige Spuren, schon Augenblicke später vom Wind verweht, in das dünne Weiß des Schnees.

Ich ging durch diese kalte Nacht des Winters 1947, in meiner Erinnerung war noch die Wärme des gerade verlassenen Bettes, die Enge des Zimmers, in dem die vier Menschen meiner Familie wohnten und schliefen. Und je länger ich ging, desto deutlicher wurden mir Nacht und Kälte. Ein Junge von zwölf Jahren ging zwischen schneebedeckten Trümmerbergen fröstelnd durch die nächtliche Stadt, müde und hungrig – kurz vor vier Uhr.

Als ich die Gestalt der Frau vor mir sah, begann ich zu traben. Und es war nicht nur die Kälte, die mich trieb. Als sie das Geräusch meiner Schritte hörte, drehte sie sich um und mir schien, als beschleunige nun auch sie die Schritte.

Es dauerte nicht lange, da hatte ich sie überholt. Kurz darauf sah ich, daß bereits viele Menschen vor der Bäckerei anstanden und ich lief noch schneller. Jeder Platz, der mich näher an den Eingang der Bäckerei brachte, war wichtig; denn wie oft hatte ich schon erlebt, daß kurz vor mir der Vorrat zu Ende war, ich ohne das ersehnte Stück Brot, ohne Fett oder ein paar Gramm Fleisch zu bekommen, stundenlang vergeblich angestanden hatte.

Vor der Bäckerei Rehbein, Winter 1947

Keuchend erreichte ich die Menschenschlange und stellte mich hinter eine alte Frau. Kurz nach mir kam ein Mann. Er schob mich etwas zur Seite und wollte sich vor mir einreihen. Die alte Frau sagte: »Der Junge war vor Ihnen da!« Der Mann zögerte, doch dann ging er zurück und stellte sich hinter mir auf.

Es kamen immer mehr, die Menschenschlange wurde immer länger. Und als dann kurz nach sieben Uhr meine Mutter kam, um mich abzulösen, standen schon hunderte da, um hier ein Stück Brot zu kaufen.

Als ich zu Hause ankam, war Vater gerade von der Nachtschicht zurück. Ich packte meine Schulsachen und trabte zur Schule, denn pünktlich um acht Uhr begann der Unterricht.

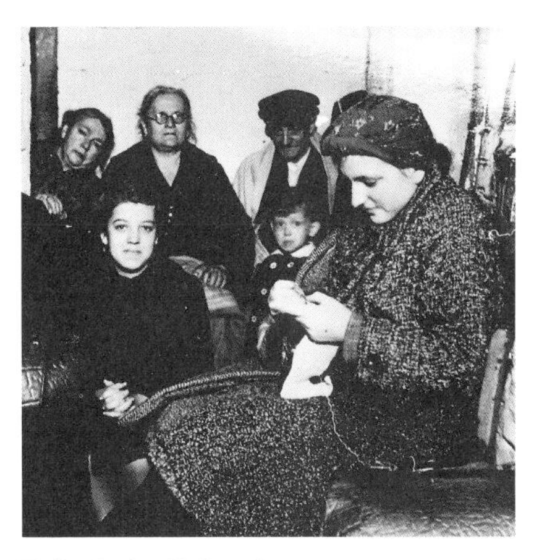

Zuflucht im Keller während der Bombenangriffe auf Essen

Hungerwinter

Der Winter 1946/47 wird in der Geschichte Essens als »Hungerwinter« bezeichnet. Brot war kaum zu haben, auch andere Lebensmittel nicht. Es gab zwar Lebensmittelmarken, aber das, was man sich dafür hätte kaufen können, war nicht vorrätig.

Der Winter war eisig kalt, es gab kaum Heizmaterial. Aber am Schlimmsten war der Hunger. Die Menschen hatten sich von den Entbehrungen der letzten Kriegsjahre, den erlittenen Bombennächten, dem Hunger, auch nach Beendigung des Krieges nicht erholen können. Sie froren, hungerten, litten.

Ein siebenjähriges Kind war in diesem Winter beim Schlangestehen vor einer Altenessener Bäckerei erfroren. 95 Prozent aller Bergleute im Untertagebetrieb der Zechen hatten Untergewicht. Die hungernden Menschen sollen Hunde und Katzen gegessen haben.

Dann hielten es die Menschen nicht mehr aus: Am 3. Februar 1947 formierten sie sich zum »Hungermarsch der Essener Betriebe«: Die Belegschaften von fünf großen Essener Betrieben, darunter waren zwei Zechen, marschierten zum Essener Rathaus. Dort wurden sie von Oberbürgermeister Gustav Heinemann, der damals der CDU

Brotschlange im Trümmerfeld der Rellinghauserstraße, 1947

Brotdemonstration der Krupparbeiter vor dem Glückauf-Haus, dem Sitz der Militärregierung, Februar 1947

Elendswohnungen unter der ausgebomten Gertrudisschule, August 1946

angehörte, Willi Pawlik (SPD) und Heinz Renner (KPD) empfangen. Die Politiker versprachen, alles ihnen nur Mögliche zu tun, um die Lage zu verbessern, zum Beispiel in Essen lagernde Kartoffelschnitzel verteilen zu lassen. Allerdings sei sonst nicht viel Hoffnung. Es wird berichtet, daß Dr. Heinemann in diesem Zusammenhang gesagt hätte: »Wir können uns allenfalls aufhängen – aber das ernährt auch niemanden.«

Die Protestversammlung vor dem Rathaus hatte sich gerade aufgelöst, als die Belegschaft von Krupp, die sich bisher an diesem Protest nicht beteiligt hatte, auch ihre Arbeit niederlegte und sich zu einem Zug von 5000 Menschen formierte. Doch diese Fünftausend gingen nicht zum Rathaus, sondern zur wahren Zentrale der Macht in Essen, dem Glückaufhaus, in dem die britische Militärregierung residierte. Dort angekommen, forderten die Arbeiter von dem Stadtkommandanten Kennedy eine Mindestversorgung mit Lebensmitteln – und eine Überführung der Betriebe in Gemeineigentum. Diesem Protest schlossen sich um die Mittagszeit die Belegschaften mehrerer Essener Schachtanlagen durch einen Sitzstreik an.

Die Situation in der Stadt war hochexplosiv und die Militärbehörde beriet in Sondersitzungen die Lage. Schließlich entschloß man sich schon am nächsten Tage einen Konvoi von Lastwagen nach Bremen zu schicken. Auf Umwegen in Bremen angekommen, viele Brücken waren noch zerstört, Straßen unbefahrbar, lud man eine Schiffsladung Mais auf die Lastwagen und brachte diese Fracht in tagelanger Fahrt, wieder auf Umwegen, nach Essen. Davon backten die Essener Bäcker Maisbrot, ein Brot von hellgelber Farbe. Wie ich mich noch erinnern kann, schmeckte Maisbrot nicht besonders gut. Aber wer sehr hungrig ist, fragt nicht nach gutem Geschmack.

Ein Richtkranz über dem Dach im Frühling

Wir waren im Dunkeln in das Haus geschlichen. Es hatte noch keine Türen, nur rechteckige Öffnungen im Mauerwerk. Es roch nach Zement und Farbe. Langsam tasteten

Das erste Richtfest auf der Limbeckerstraße, 1947

wir uns durch die Dunkelheit des Treppenhauses und begannen vorsichtig die Stufen hinaufzusteigen. Wir fühlten mit unseren Händen an den Wänden entlang, denn es gab ja noch kein Treppengeländer.

Als wir im ersten Stock angekommen waren, gingen wir durch die Türöffnung in die Wohnung. Gleich links in das erste Zimmer. Von der Straße fiel durch das Geviert der Fensteröffnung gedämpftes Licht. Im Zimmer roch es nach Holz, Leim und Kalk. In der Fensteröffnung stand ein hölzernes Fensterkreuz, Scheiben waren noch nicht eingesetzt. Am Fußboden lagen Holzbretter.

Das Zimmer war etwa drei Meter lang und ungefähr genau so breit. Langsam und mit winzigen Schritten ging ich an den Wänden entlang. Ich umrundete den Raum. Und noch einmal. Dann näherte ich mich vorsichtig der Fensteröffnung und sah hinaus. Das schwache Licht einer entfernten Laterne ließ die Schatten draußen lang erscheinen. Ich beugte mich jetzt ein wenig aus dem Fenster, um nach beiden Seiten sehen zu können. Es war niemand auf der Straße. Artur kam jetzt hinzu und wir sahen gemeinsam in das kärgliche Licht der Laterne. Wir flüsterten.

Wir schlichen hier ins Haus, weil ich meinem Schulkameraden diese Wohnung zeigen wollte. Eine Neubauwohnung in einem Haus, das fast genau an der Stelle errichtet wurde, an der die Bomben das alte zerschlagen hatten. Die Wohnung war uns zugeteilt worden, weil mein Vater auf der Zeche arbeitete.

Eine richtige Wohnung, dachte ich, Wohnküche, Elternschlafzimmer – und ein eigenes Zimmer für uns Kinder!

Seit drei Jahren wohnten wir, zwei Erwachsene und zwei Kinder, in einem einzigen Zimmer. Zwangseinweisung als Untermieter. Die Toilette befand sich draußen im Hof, gleich neben dem Stall. Besonders im Winter war das sehr schlimm.

An einem Sonntagnachmittag, in diesem Frühling des Jahres 1949, waren meine Eltern mit uns Kindern hier zu dieser Baustelle gegangen. Der Richtkranz stand gerade über dem Dach. Vater hatte nach oben gedeutet und »unsere Wohnung,« gesagt. Ich hatte sie mir gemerkt. Und heute, kurz vor Anbruch der Dunkelheit, sagte ich, daß ich Artur besuchen wollte. Gemeinsam waren wir dann hierher gekommen.

So leise wie wir gekommen waren, so schlichen wir auch aus dem fast fertigen Haus. Eine richtige Wohnung, dachte ich, als wir uns in der Dunkelheit die Treppen hinabtasteten, drei Räume und sogar ein WC! Und nach den Jahren der Enge kam es mir vor, als würde ich träumen.

ein frühlingstraum

bewaffnet eure kinder
mit blumensträußen
und laßt sie
dem frieden entgegen gehen

entwaffnet alle soldaten
mit eurem lächeln

TUT WAS IHR KÖNNT

denn hinter den traumgrenzen
warten
die raketen
ohne sinne für blumen und lächeln

Quellen und Literaturverzeichnis

Begegnungen mit dem Ruhrgebiet, Jürgen Lodemann, Otto Steinert, Düsseldorf 1964

Bergleute erzählen – Beiträge zur Geschichte der IGBE, herausgegeben von Walter Köpping, Bochum 1981

Brecht-Jahrbuch 1977, Herausgegeben von John Fuegi, Reinhold Grimm und Jost Hermand, Frankfurt 1977

Das Dritte Reich, Walter Göbel, 2. korr. Ausgabe, Stuttgart 1987

Der deutsche Faschismus in Quellen und Dokumenten, Reinhard Kühnl, Köln 1975

Die Arbeiterbewegung im Ruhrgebiet, Walter Wehner, Essen 1981

Fragen an die Geschichte, Band 4, Herausgegeben von Heinz Dieter Schmid, Frankfurt am Main 1983

Folkwang 85, zur Geschichte der Stützpunkte künstlerischen Lebens in Essen, Herausgegeben vom Kulturamt der Stadt Essen, Köln 1985

Fußball – Vereine – Politik, zur Sportgeschichte des Reviers 1900–1940, Siegfried Gehrmann, Essen 1988

Jahrbuch Essen 1988, herausgegeben von Dr. Wolfgang Schulze, Essen 1987

Jooss, Anna und Hermann Markard, Köln, 1985

Land der Hoffnung, Land der Krise – Jugendkulturen im Ruhrgebiet 1900–1987, Wilfried Breyvogel, Heinz-Hermann Krüger, Werner Thole, Berlin/Bonn 1987

Lichter in der Finsternis, Ernst Schmidt, Frankfurt 1980

Nein zum Hakenkreuz – ein Stück über den Widerstand in Essen, Herbert Somplatzki, Remscheid und Marl 1982

Neue Ruhr-Zeitung, 1. Jahrgang Nr. 1, Ausgabe Essen, 13. 7. 1946

Ortstermin – eine Dokumentation zu KZ-Außenlagern in Essen, Herausgegeben von der Alten Synagoge Essen, o.J.

Plauderstündchen, eine Festgabe zur Unterhaltung und Belehrung für Knaben und Mädchen von 8–12 Jahren, herausgegeben von Helene Binder, Nürnberg, o.J.

Schwarze Solidarität, 85 Jahre kämpferische Bergarbeiterdichtung, herausgegeben von Walter Köpping, Oberhausen 1974

Sie sagten Nein, Essener Frauen und Männer im Kampf gegen das Hakenkreuz; Szenische Collage, Ilka Boll u.a., Essen, o.J.

Töchter-Album – Unterhaltungen im häuslichen Kreise zur Bildung des Verstandes und Gemütes der heranwachsenden weiblichen Jugend, Herausgegeben von Thekla von Gumbert, Berlin und Glogau, o.J.

Verbrannte Bücher, ein Auswahlverzeichnis, Alte Synagoge Essen, Stadtbibliothek Essen, 1981

Widerstand und Verfolgung in Essen 1933–1945, Hans-Josef Steinberg, 2. Aufl., Bonn-Bad-Godesberg 1973

Widerstand und Verfolgung in Essen 1933–1945, eine Dokumentation, Angela Genger, Detlev Peukert, Benno Reicher, Ernst Schmidt, Kulturamt der Stadt Essen, o.J.

Westdeutsche Allgemeine Zeitung, 22. 2. 1986, »Die Demokratie beginnt,« Dokumentation von Thomas Rother

Westdeutsche Allgemeine Zeitung, 24. 11. 1979, »Sklavenarbeiter kamen in Viehwaggons«, Thomas Rother

Westdeutsche Allgemeine Zeitung, 13. 7. 1987, »Im Zeichen der Ringe: Statt Gerberwerkzeug jetzt Elektronik«, Thomas Rother

Westdeutsche Allgemeine Zeitung, 11. 3. 1980, »Vor 60 Jahren: Die Rote Armee im Ruhrgebiet,« Ralf Lehmann, Thomas Rother

Westdeutscher Rundfunk, II. Programm, »Sonntags von A bis Z«, 17. 4. 1988, Moderation Wolfgang Klein

Ziele und Praxis des Nationalsozialismus, Wolfgang Jäger, Hannover 1962

50 Jahre Machtergreifung – Arbeiterbewegung, Nationalsozialismus und Neofaschismus in Deutschland, Herausgeber: DGB-Bundesvorstand, Düsseldorf 1982

Revierbesichtigung

Wie der ZEIT – Korrespondent das Ruhrgebiet sieht

von Roland Kirbach

mit einem Vorwort von Franz Josef Degenhardt

Ein Buch aus dem Leben im Ruhrgebiet: über Mattes, den Knacki; über Fakir Baykurt, den türkischen Schriftsteller in Duisburg; über Herbert Grönemeyer; das Rentner-Ehepaar Doba; die »Fidelen Frintroper« und vieles mehr.

Und ein Buch über das Revier: über die Nordwanderung des Bergbaus, über den Smog, die Sprache der Leute...

Ein Buch über die Vergangenheit, die Gegenwart und die Zukunft des Ruhrgebietes.

Die in der ZEIT bereits erschienenen Beiträge haben ein großes Echo gefunden. Jetzt werden sie in einem Sammelband veröffentlicht.

1989, 183 S., 26 s/w Abbildungen, broschiert, DM 29,–

Reimar Hobbing Verlag